LIGAMUNDO

GEOGRAFIA

ELIAN ALABI LUCCI
Bacharel e licenciado em Geografia pela Pontifícia Universidade Católica de São Paulo (PUC-SP)
Professor em escolas particulares
Diretor da Associação dos Geógrafos Brasileiros (AGB) — seção local Bauru-SP

ANSELMO LAZARO BRANCO
Licenciado em Geografia pelas Faculdades Associadas Ipiranga (FAI)
Professor em escolas particulares

2º ano
Ensino Fundamental • Anos Iniciais

Editora Saraiva
São Paulo – 1ª edição – 2018

Editora Saraiva

Direção geral: Guilherme Luz
Direção editorial: Luiz Tonolli e Renata Mascarenhas
Gestão de projeto editorial: Tatiany Renó
Gestão e coordenação de área: Wagner Nicaretta (ger.) e Brunna Paulussi (coord.)
Edição: Maria Luisa Nacca, Raquel Maygton Vicentini e Simone de Souza Poiani
Gerência de produção editorial: Ricardo de Gan Braga
Planejamento e controle de produção: Paula Godo (ger.), Roseli Said (coord.) e Marcos Toledo
Colaboração para desenvolvimento da seção *Conectando saberes*: Mauro César Brosso e Suzana Obara
Revisão: Hélia de Jesus Gonsaga (ger.), Kátia Scaff Marques (coord.), Rosângela Muricy (coord.), Ana Curci, Ana Paula C. Malfa, Brenda T. M. Morais, Célia Carvalho, Diego Carbone, Flavia S. Vênezio, Gabriela M. Andrade, Hires Heglan, Larissa Vazquez, Luciana B. Azevedo, Raquel A. Taveira, Patricia Cordeiro, Patrícia Travanca, Paula T. de Jesus, Sueli Bossi, Vanessa P. Santos; Amanda Teixeira Silva e Bárbara de M. Genereze (estagiárias)
Arte: Daniela Amaral (ger.), Claudio Faustino (coord.), Felipe Consales (edição de arte), Rodrigo Bastos Marchini (edit. arte)
Diagramação: Arte Ação
Iconografia: Sílvio Kligin (ger.), Denise Durand Kremer (coord.), Daniel Cymbalista (pesquisa iconográfica)
Licenciamento de conteúdos de terceiros: Thiago Fontana (coord.), Angra Marques (licenciamento de textos), Erika Ramires e Claudia Rodrigues (analistas adm.)
Tratamento de imagem: Cesar Wolf e Fernanda Crevin
Ilustrações: Ari Nicolosi, Dawidson França, Hagaquezart Estúdio e Jótah
Design: Gláucia Correa Koller (ger.), Erika Tiemi Yamauchi Asato (capa e proj. gráfico), Talita Guedes da Silva (capa)
Foto de capa: kdshutterman/Shutterstock
Ilustração de capa: Ideário Lab

Avenida das Nações Unidas, 7221, 1º andar, Setor A – Espaço 2 – Pinheiros – SP – CEP 05425-902
SAC 0800 011 7875
www.editorasaraiva.com.br

Dados Internacionais de Catalogação na Publicação (CIP)
(Câmara Brasileira do Livro, SP, Brasil)

Lucci, Elian Alabi
Ligamundo : geografia 2º ano / Elian Alabi Lucci, Anselmo Lazaro Branco. -- 1. ed. -- São Paulo : Saraiva, 2018.

Suplementado pelo manual do professor.
Bibliografia.
ISBN 978-85-472-3433-1 (aluno)
ISBN 978-85-472-3434-8 (professor)

1. Geografia (Ensino fundamental) I. Branco, Anselmo Lazaro. II. Título.

18-16302 CDD-372.891

Índices para catálogo sistemático:
1. Geografia : Ensino fundamental 372.891

Maria Alice Ferreira - Bibliotecária - CRB-8/7964

2024
Código da obra CL 800648
CAE 628053 (AL) / 628057 (PR)
1ª edição
10ª impressão

Impressão e acabamento
Log&Print Gráfica, Dados Variáveis e Logística S.A.

Uma publicação SOMOS EDUCAÇÃO

APRESENTAÇÃO

CARO ALUNO,

VOCÊ JÁ NOTOU COMO AS CRIANÇAS MENORES QUE VOCÊ PERGUNTAM "POR QUÊ" MUITAS VEZES? "POR QUE ISSO? POR QUE AQUILO? POR QUE É ASSIM?"

APESAR DE VOCÊ JÁ ESTAR MAIOR, CONTINUA QUERENDO DESCOBRIR MUITAS COISAS, NÃO?

COMO É O ESPAÇO AO SEU REDOR E COMO SÃO OUTROS MAIS DISTANTES? POR QUE AS PESSOAS SÃO DIFERENTES? SERÁ QUE ELAS VIVEM DO MESMO JEITO? DE ONDE VÊM OS PRODUTOS QUE USAMOS E COMO ELES SÃO FEITOS? POR QUE DIZEM QUE O MUNDO ESTÁ INTERLIGADO? POR QUE HÁ TANTOS PROBLEMAS COM A NATUREZA?

SÃO PERGUNTAS QUE JÁ DEVEM TER PASSADO PELA SUA CABEÇA.

ESTE LIVRO DE GEOGRAFIA É PARA CRIANÇAS COMO VOCÊ: CURIOSAS E CRIATIVAS. AO UTILIZÁ-LO, COM A ORIENTAÇÃO DO PROFESSOR E TROCANDO IDEIAS COM OS COLEGAS, VOCÊ SERÁ CAPAZ DE RESPONDER A MUITAS PERGUNTAS E DESCOBRIR MUITAS COISAS.

ESPERAMOS COM ISSO AJUDÁ-LO A COMPREENDER O MUNDO QUE O CERCA E A PARTICIPAR DELE.

UM EXCELENTE ANO COM MUITAS DESCOBERTAS E REALIZAÇÕES PARA VOCÊ!

OS AUTORES

CONHEÇA SEU LIVRO

ESTE LIVRO ESTÁ DIVIDIDO EM NOVE UNIDADES.

ABERTURA DE UNIDADE

NESTA SEÇÃO VOCÊ CONHECERÁ O QUE VAI APRENDER AO LONGO DA UNIDADE, ALÉM DE CONVERSAR COM OS COLEGAS SOBRE O QUE JÁ SABEM A RESPEITO DOS TEMAS QUE SERÃO ESTUDADOS, A PARTIR DA LEITURA DE IMAGENS.

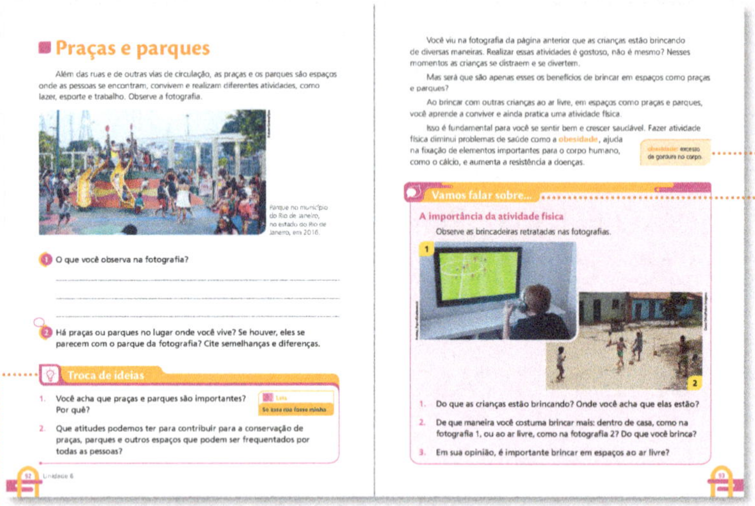

GLOSSÁRIO

AQUI VOCÊ VAI ENCONTRAR O SIGNIFICADO DAS PALAVRAS DESTACADAS NO TEXTO.

VAMOS FALAR SOBRE...

NESTA SEÇÃO VOCÊ CONVERSARÁ COM OS COLEGAS SOBRE ATITUDES E VALORES IMPORTANTES PARA A SUA FORMAÇÃO COMO CIDADÃO.

TROCA DE IDEIAS

NESTA SEÇÃO SERÃO PROPOSTAS PERGUNTAS PARA VOCÊ REFLETIR COM OS COLEGAS, LEVANDO EM CONSIDERAÇÃO SUA VIVÊNCIA, SEU CONHECIMENTO E SUA OPINIÃO SOBRE ALGUNS DOS TEMAS ESTUDADOS.

CONECTANDO SABERES

NESTA SEÇÃO VOCÊ RELACIONARÁ UM TEMA IMPORTANTE DA UNIDADE A OUTRAS ÁREAS DO CONHECIMENTO E A NOÇÕES DE CIDADANIA.

AMPLIAR HORIZONTES

NESTA SEÇÃO VOCÊ AMPLIARÁ SEUS CONHECIMENTOS SOBRE ALGUNS DOS TEMAS TRATADOS.

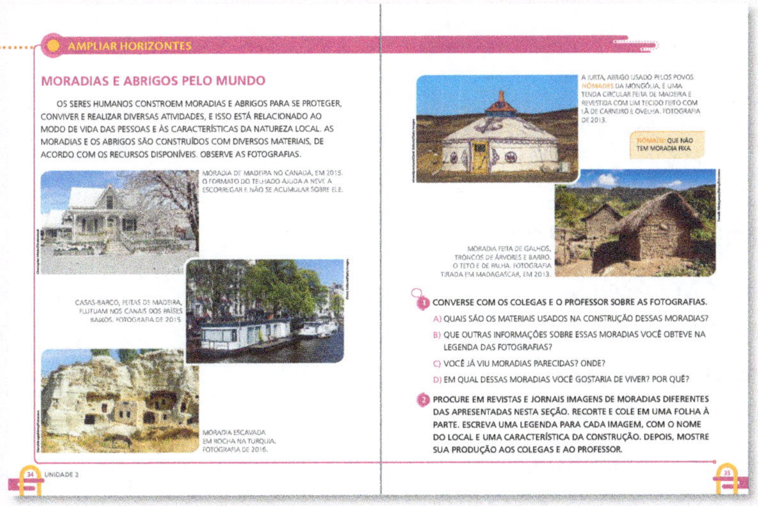
AMPLIAR HORIZONTES

MORADIAS E ABRIGOS PELO MUNDO

OS SERES HUMANOS CONSTROEM MORADIAS E ABRIGOS PARA SE PROTEGER, CONVIVER E REALIZAR DIVERSAS ATIVIDADES, E ISSO ESTÁ RELACIONADO AO MODO DE VIDA DAS PESSOAS E ÀS CARACTERÍSTICAS DA NATUREZA LOCAL. AS MORADIAS E OS ABRIGOS SÃO CONSTRUÍDOS COM DIVERSOS MATERIAIS, DE ACORDO COM OS RECURSOS DISPONÍVEIS. OBSERVE AS FOTOGRAFIAS.

1 CONVERSE COM OS COLEGAS E O PROFESSOR SOBRE AS FOTOGRAFIAS.

A) QUAIS SÃO OS MATERIAIS USADOS NA CONSTRUÇÃO DESSAS MORADIAS?

B) QUE OUTRAS INFORMAÇÕES SOBRE ESSAS MORADIAS VOCÊ OBTEVE NA LEGENDA DAS FOTOGRAFIAS?

C) VOCÊ JÁ VIU MORADIAS PARECIDAS? ONDE?

D) EM QUAL DESSAS MORADIAS VOCÊ GOSTARIA DE VIVER? POR QUÊ?

2 PROCURE EM REVISTAS E JORNAIS IMAGENS DE MORADIAS DIFERENTES DAS APRESENTADAS NESTA SEÇÃO. RECORTE E COLE EM UMA FOLHA À PARTE. ESCREVA UMA LEGENDA PARA CADA IMAGEM, COM O NOME DO LOCAL E UMA CARACTERÍSTICA DA CONSTRUÇÃO. DEPOIS, MOSTRE SUA PRODUÇÃO AOS COLEGAS E AO PROFESSOR.

VAMOS RETOMAR

NESTA SEÇÃO VOCÊ ENCONTRARÁ ATIVIDADES PARA RETOMAR ALGUNS TEMAS ESTUDADOS NA UNIDADE.

VAMOS RETOMAR

1 IMAGINE A SEGUINTE SITUAÇÃO: JOSÉ TEM 6 ANOS E FOI ADOTADO POR PATRÍCIA E JAIR.

A) ESSE GRUPO FORMA UMA FAMÍLIA?

SIM. NÃO.

B) POR QUÊ?

2 OBSERVE AS ILUSTRAÇÕES. DEPOIS CIRCULE AS 7 DIFERENÇAS ENTRE ELAS.

A) O QUE ESTÁ DENTRO DA CESTA NAS ILUSTRAÇÕES ACIMA?

B) EM QUAL ILUSTRAÇÃO HÁ UMA MAÇÃ FORA DA CESTA?

ILUSTRAÇÃO 1 ILUSTRAÇÃO 2

REPRESENTAR O MUNDO

NESTA SEÇÃO SERÃO TRABALHADOS CONCEITOS E HABILIDADES IMPORTANTES PARA VOCÊ APRENDER A LINGUAGEM DA CARTOGRAFIA.

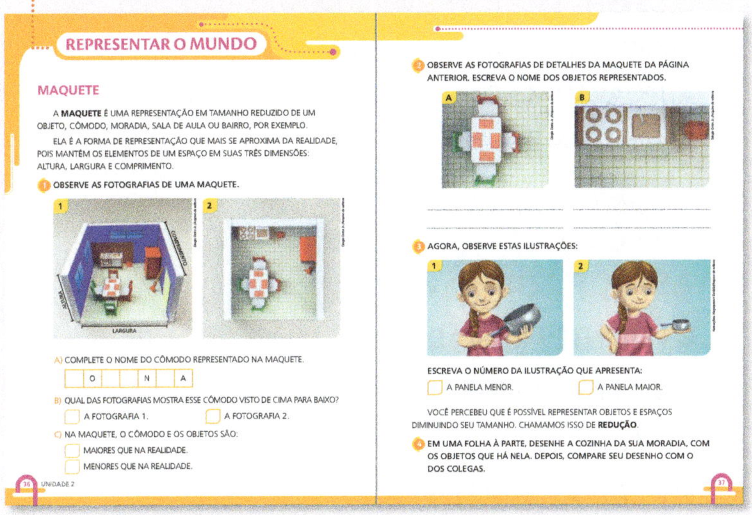
REPRESENTAR O MUNDO

MAQUETE

A MAQUETE É UMA REPRESENTAÇÃO EM TAMANHO REDUZIDO DE UM OBJETO, CÔMODO, MORADIA, SALA DE AULA OU BAIRRO, POR EXEMPLO.

ELA É A FORMA DE REPRESENTAÇÃO QUE MAIS SE APROXIMA DA REALIDADE, POIS MANTÉM OS ELEMENTOS DE UM ESPAÇO EM SUAS TRÊS DIMENSÕES: ALTURA, LARGURA E COMPRIMENTO.

1 OBSERVE AS FOTOGRAFIAS DE UMA MAQUETE.

A) COMPLETE O NOME DO CÔMODO REPRESENTADO NA MAQUETE.

B) QUAL DAS FOTOGRAFIAS MOSTRA ESSE CÔMODO VISTO DE CIMA PARA BAIXO?

A FOTOGRAFIA 1. A FOTOGRAFIA 2.

C) NA MAQUETE, O CÔMODO E OS OBJETOS SÃO:

MAIORES QUE NA REALIDADE.

MENORES QUE NA REALIDADE.

2 OBSERVE AS FOTOGRAFIAS DE DETALHES DA MAQUETE DA PÁGINA ANTERIOR. ESCREVA O NOME DOS OBJETOS REPRESENTADOS.

3 AGORA, OBSERVE ESTAS ILUSTRAÇÕES:

ESCREVA O NÚMERO DA ILUSTRAÇÃO QUE APRESENTA:

A PANELA MENOR. A PANELA MAIOR.

VOCÊ PERCEBEU QUE É POSSÍVEL REPRESENTAR OBJETOS E ESPAÇOS DIMINUINDO SEU TAMANHO. CHAMAMOS ISSO DE REDUÇÃO.

4 EM UMA FOLHA À PARTE, DESENHE A COZINHA DA SUA MORADIA, COM OS OBJETOS QUE HÁ NELA. DEPOIS, COMPARE SEU DESENHO COM O DOS COLEGAS.

AUTOAVALIAÇÃO

NESTA SEÇÃO VOCÊ VAI VERIFICAR O QUE APRENDEU NA UNIDADE E REFLETIR SOBRE O QUE PRECISA MELHORAR.

SUGESTÕES

NESTA SEÇÃO HÁ INDICAÇÃO DE LIVROS, *SITES*, FILMES E VÍDEOS PARA VOCÊ COMPLEMENTAR SEU ESTUDO.

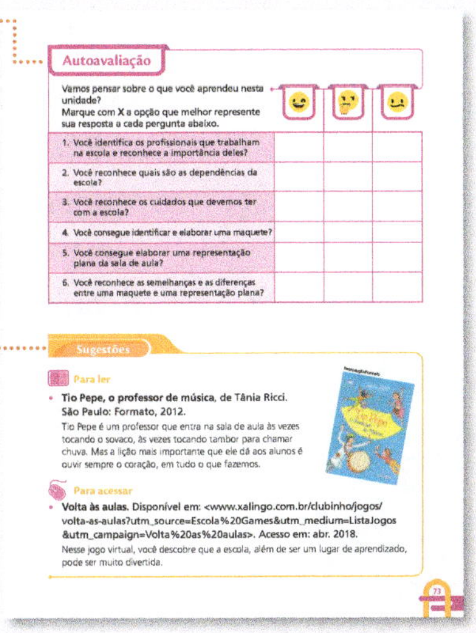
Autoavaliação

Vamos pensar sobre o que você aprendeu nesta unidade? Marque com X a opção que melhor represente sua resposta a cada pergunta abaixo.

1. Você identifica os profissionais que trabalham na escola e reconhece a importância deles?
2. Você reconhece quais são as dependências da escola?
3. Você reconhece os cuidados que devemos ter com a escola?
4. Você consegue identificar e elaborar uma maquete?
5. Você consegue elaborar uma representação plana da sala de aula?
6. Você reconhece as semelhanças e as diferenças entre uma maquete e uma representação plana?

Sugestões

Para ler

- Tio Pepe, o professor de música, de Tânia Ricci. São Paulo: Formato, 2012.

Para acessar

- Volta às aulas. Disponível em: <www.xalingo.com.br/clubinho/jogos/volta-as-aulas?utm_source=Escola%20Games&utm_medium=ListaJogos&utm_campaign=Volta%20as%20aulas>. Acesso em: abr. 2018.

ÍCONES QUE INDICAM COMO REALIZAR AS ATIVIDADES:

- ORAL
- EM DUPLA
- EM GRUPO
- NO CADERNO

SUMÁRIO

Hagaquezart Estúdio/Arquivo da editora

Hagaquezart Estúdio/Arquivo da editora

UNIDADE

1 AS FAMÍLIAS

NESTA UNIDADE VOCÊ VAI:

- RECONHECER A IMPORTÂNCIA DA FAMÍLIA.
- RECONHECER QUE AS FAMÍLIAS SÃO DIFERENTES.
- RELACIONAR AS ATIVIDADES REALIZADAS PELAS PESSOAS AOS DIFERENTES PERÍODOS DO DIA (MANHÃ, TARDE E NOITE).
- RECONHECER QUE A CONVIVÊNCIA FAMILIAR É UM DIREITO.
- IDENTIFICAR A POSIÇÃO DE OBJETOS EM RELAÇÃO A OUTROS OBJETOS.

1. EM SUA OPINIÃO, AS PESSOAS DAS FOTOGRAFIAS FORMAM FAMÍLIAS? POR QUÊ?
2. VOCÊ E SUA FAMÍLIA COSTUMAM FAZER JUNTOS AS ATIVIDADES MOSTRADAS NAS FOTOGRAFIAS? QUE OUTRAS ATIVIDADES VOCÊS FAZEM JUNTOS?
3. SERÁ QUE TODAS AS FAMÍLIAS SÃO IGUAIS? POR QUÊ?

1. FAMÍLIA TOMANDO CAFÉ DA MANHÃ EM CASA, NO MUNICÍPIO DE SÃO PAULO, NO ESTADO DE SÃO PAULO, EM 2016.
2. FAMÍLIA CAMINHANDO NO PARQUE, NO MUNICÍPIO DE MANAUS, NO ESTADO DO AMAZONAS, EM 2017.

Fernando Favoretto/Criar Imagem

1

2

Amanibo Oliveira/Tucupi Imagens

FAMÍLIAS DIFERENTES

LEIA
FAMÍLIA

TODA CRIANÇA PRECISA DE PROTEÇÃO E CUIDADOS. TAMBÉM PRECISA RECEBER AFETO E ORIENTAÇÃO. ESSES SÃO DIREITOS QUE DEVEM SER GARANTIDOS A TODAS AS CRIANÇAS, PRINCIPALMENTE PELA **FAMÍLIA**.

A FAMÍLIA É O PRIMEIRO E UM DOS MAIS IMPORTANTES GRUPOS AOS QUAIS AS PESSOAS PERTENCEM.

HÁ DIFERENTES TIPOS DE FAMÍLIA. ALGUMAS SÃO FORMADAS POR MUITA GENTE, OUTRAS SÃO FORMADAS POR POUCAS PESSOAS. ALÉM DISSO, CADA FAMÍLIA POSSUI DIFERENTES COSTUMES, OPINIÕES E JEITOS DE SER. OBSERVE AS FOTOGRAFIAS.

Delfim Martins/Pulsar Imagens

FAMÍLIA INDÍGENA DO POVO KAYAPÓ, NO MUNICÍPIO DE SÃO FÉLIX DO XINGU, NO ESTADO DO PARÁ, EM 2016.

Marcos André/Opção Brasil Imagens

FAMÍLIA NO MUNICÍPIO DE PRADO, NO ESTADO DA BAHIA, EM 2014.

Rubens Chaves/Pulsar Imagens

FAMÍLIA NO MUNICÍPIO DE UNIÃO DOS PALMARES, NO ESTADO DE ALAGOAS, EM 2015.

Fernando Favoretto/Arquivo da editora

FAMÍLIA NO MUNICÍPIO DE SÃO PAULO, NO ESTADO DE SÃO PAULO, EM 2017.

1. CONVERSE COM OS COLEGAS E O PROFESSOR: QUAIS SÃO AS SEMELHANÇAS ENTRE AS FAMÍLIAS DAS FOTOGRAFIAS? E AS DIFERENÇAS?

2. SUA FAMÍLIA SE PARECE COM ALGUMA DESSAS FAMÍLIAS? POR QUÊ?

3. EM UMA FOLHA À PARTE, FAÇA UM DESENHO DA SUA FAMÍLIA. INDIQUE O PARENTESCO QUE VOCÊ TEM COM CADA PESSOA, OU SEJA, ESCREVA SE AS PESSOAS REPRESENTADAS SÃO SEU PAI, SUA MÃE, SEU IRMÃO, SUA IRMÃ, SEUS AVÓS, TIOS OU OUTRO PARENTE.

VIDA EM FAMÍLIA

LEIA
DUAS VEZES PAI

NO CONVÍVIO COM A FAMÍLIA AS CRIANÇAS APRENDEM A FALAR, ANDAR, SE ALIMENTAR E FAZER A HIGIENE.

APRENDEM TAMBÉM A RESPEITAR AS PESSOAS E A CONVIVER E COLABORAR COM ELAS. É AINDA COM A FAMÍLIA QUE AS CRIANÇAS ADQUIREM MUITOS DOS SEUS HÁBITOS E COSTUMES.

1 **PINTE AS ATIVIDADES QUE VOCÊ REALIZA COM SUA FAMÍLIA.**

AJUDAR OS ADULTOS.

FAZER UMA REFEIÇÃO.

PASSEAR PELO PARQUE.

2 **COMPLETE AS FRASES SOBRE SUA FAMÍLIA COM OS SEGUINTES GRUPOS DE PALAVRAS.**

MUITAS	PEQUENA	AGITADA
POUCAS	GRANDE	TRANQUILA

MINHA FAMÍLIA TEM .... PESSOAS. POR ISSO É UMA FAMÍLIA ....

NÓS FAZEMOS .... ATIVIDADES JUNTOS. EU ACHO QUE MINHA FAMÍLIA É ....

TROCA DE IDEIAS

1. O QUE AS PESSOAS DE UMA MESMA FAMÍLIA PODEM APRENDER UMAS COM AS OUTRAS?
2. O QUE VOCÊ GOSTOU DE APRENDER COM SUA FAMÍLIA?

FAMÍLIA PARA TODOS

TODOS TÊM DIREITO A UMA FAMÍLIA QUE OFEREÇA PROTEÇÃO E CUIDADOS. MAS SERÁ QUE ESSE DIREITO É SEMPRE RESPEITADO? OBSERVE AS FOTOGRAFIAS.

1

Rodolpho Machado/Opção Brasil Imagens

CRIANÇA NO MUNICÍPIO DO RIO DE JANEIRO, NO ESTADO DO RIO DE JANEIRO, EM 2017.

2

Renato Soares/Pulsar Imagens

FAMÍLIA NO MUNICÍPIO DE PORTO SEGURO, NO ESTADO DA BAHIA, EM 2014.

1 **EM QUAL DAS FOTOGRAFIAS ACIMA VOCÊ OBSERVA O DIREITO A UMA FAMÍLIA SENDO DESRESPEITADO? MARQUE COM X.**

☐ FOTO 1 ☐ FOTO 2 ☐ FOTOS 1 E 2

VAMOS FALAR SOBRE...

O DIREITO A UMA FAMÍLIA

LEIA ESTE TEXTO COM O PROFESSOR.

> EM GERAL TEMOS PAI E MÃE, MAS NEM SEMPRE. HÁ TAMBÉM OS AVÓS, AS IRMÃS E OS IRMÃOS, OS TIOS E AS TIAS... MAS ACONTECE, ÀS VEZES, DE ALGUÉM FICAR SEM FAMÍLIA. [...]
>
> TODO MUNDO TEM UMA FAMÍLIA? **MEU 1º LAROUSSE DOS PORQUÊS**. SÃO PAULO: LAROUSSE, 2004. P. 122.

CONVERSE COM OS COLEGAS E O PROFESSOR:

1. **QUAIS RISCOS UMA CRIANÇA CORRE AO FICAR SEM FAMÍLIA?**
2. **EM SUA OPINIÃO, O QUE FAZER COM CRIANÇAS QUE PERDEM A FAMÍLIA?**

FAMÍLIA E CONVÍVIO

TODOS OS DIAS, REALIZAMOS MUITAS ATIVIDADES E CONVIVEMOS COM DIVERSAS PESSOAS. ENTRE ESSAS PESSOAS ESTÃO NOSSOS FAMILIARES, COM QUEM PASSAMOS GRANDE PARTE DA NOSSA VIDA.

PARA QUE UMA BOA CONVIVÊNCIA NA FAMÍLIA E EM OUTROS GRUPOS SEJA POSSÍVEL, É PRECISO QUE SEUS MEMBROS CONHEÇAM E RESPEITEM SUAS **REGRAS**. MAS TAMBÉM É IMPORTANTE LEMBRAR QUE CADA FAMÍLIA POSSUI SUAS PRÓPRIAS REGRAS. OBSERVE A FAMÍLIA DA ILUSTRAÇÃO ABAIXO.

Hagaquezart Estúdio/Arquivo da editora

NA FAMÍLIA DE TAÍS TODOS CONCORDARAM EM TER UM ANIMAL DE ESTIMAÇÃO. PARA ISSO, ALGUMAS REGRAS FORAM CRIADAS: TAÍS É QUEM DÁ ÁGUA E COMIDA PARA O TUCA. SUA MÃE É A RESPONSÁVEL PELO BANHO E O IRMÃO JOAQUIM, MAIS VELHO QUE TAÍS, LIMPA O QUINTAL TODOS OS DIAS.

OUTRA MANEIRA DE CONVIVER BEM COM OS FAMILIARES É CONHECER MELHOR CADA PESSOA, DESCOBRIR SEUS GOSTOS E RESPEITAR SEU JEITO DE SER.

1 REFLITA SOBRE AS SITUAÇÕES DE CONVÍVIO COM SUA FAMÍLIA CONVERSANDO COM UM COLEGA.

A) DÊ UM EXEMPLO DE UMA REGRA QUE EXISTE EM SUA FAMÍLIA E QUE VOCÊ ACHE IMPORTANTE. EXPLIQUE POR QUE ESSA REGRA É IMPORTANTE.

B) DÊ UM EXEMPLO DE UMA REGRA EM SUA FAMÍLIA DE QUE VOCÊ NÃO GOSTA.

C) VOCÊ JÁ CONVERSOU COM SUA FAMÍLIA A RESPEITO DESSA REGRA DE QUE VOCÊ NÃO GOSTA? A QUE CONCLUSÃO VOCÊS CHEGARAM?

AS ATIVIDADES DA FAMÍLIA

AS PESSOAS QUE FAZEM PARTE DA FAMÍLIA REALIZAM DIVERSAS ATIVIDADES AO LONGO DOS DIFERENTES PERÍODOS DO DIA.

NO PERÍODO DA NOITE, A MAIOR PARTE DAS PESSOAS DORME. MAS HÁ PESSOAS QUE TRABALHAM DURANTE A NOITE, COMO ALGUNS MÉDICOS DE HOSPITAIS E VIGIAS DE PRÉDIOS.

A MAIORIA DAS PESSOAS TRABALHA DURANTE O DIA. GERALMENTE O TRABALHO É UMA ATIVIDADE PROFISSIONAL **REMUNERADA**, OU SEJA, UMA ATIVIDADE REALIZADA POR UM TRABALHADOR EM TROCA DE UMA QUANTIA EM DINHEIRO. COM ESSE DINHEIRO, AS PESSOAS GARANTEM O QUE OS FAMILIARES PRECISAM PARA VIVER.

AS PESSOAS PODEM TRABALHAR FORA DE CASA, COMO GUARDAS DE TRÂNSITO (QUE TRABALHAM NA RUA), SECRETÁRIAS (QUE TRABALHAM EM ESCRITÓRIOS), OPERADORES DE MÁQUINAS (QUE TRABALHAM EM INDÚSTRIAS) E AGRICULTORES (QUE TRABALHAM NA PLANTAÇÃO).

AS PESSOAS TAMBÉM PODEM TRABALHAR NA PRÓPRIA MORADIA, COMO ALGUNS COSTUREIROS, CABELEIREIROS, ADVOGADOS E ESCRITORES.

ATIVIDADE REMUNERADA QUE GERALMENTE É REALIZADA FORA DE CASA: ENFERMAGEM.

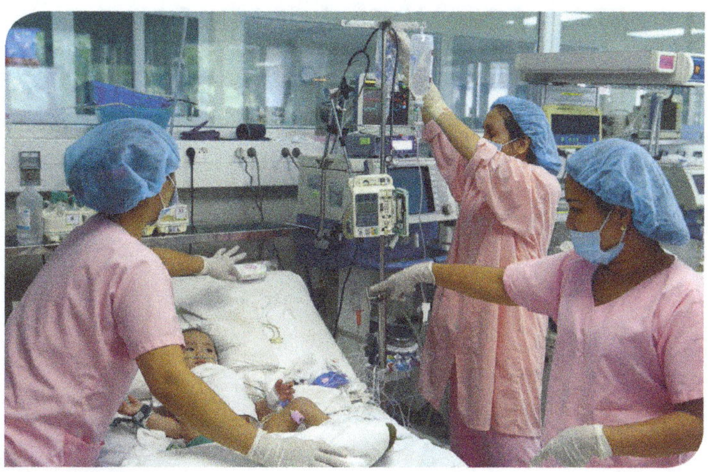

GODONG/BSIP/Agência France-Press

Monkey Business Images/Shutterstock

ATIVIDADE REMUNERADA QUE PODE SER REALIZADA EM CASA: JORNALISMO.

EM ALGUMAS FAMÍLIAS, OS ADULTOS QUE NÃO DESEMPENHAM ATIVIDADES PROFISSIONAIS REMUNERADAS PODEM DEDICAR MAIS TEMPO ÀS CRIANÇAS E ÀS TAREFAS DOMÉSTICAS, COMO LAVAR A ROUPA, COZINHAR E LIMPAR A CASA.

MAS TODAS AS PESSOAS DA FAMÍLIA DEVEM COLABORAR NA LIMPEZA E NA ORGANIZAÇÃO DA CASA ONDE MORAM.

1 COM RELAÇÃO À SUA FAMÍLIA, RESPONDA ÀS QUESTÕES.

A) QUEM TRABALHA FORA DE CASA? QUE ATIVIDADE REALIZA?

....

....

B) QUEM TRABALHA EM CASA? QUE ATIVIDADES REALIZA?

....

....

2 ESCOLHA UM DIA DA SEMANA (DE SEGUNDA A SEXTA-FEIRA). PREENCHA O QUADRO 1 COM UMA ATIVIDADE QUE VOCÊ REALIZA DE MANHÃ, DE TARDE E DE NOITE NESSE DIA. DEPOIS, CONVERSE COM UM ADULTO QUE MORA COM VOCÊ E COMPLETE O QUADRO 2 COM AS ATIVIDADES QUE ELE REALIZA.

QUADRO 1: MINHAS ATIVIDADES	
MANHÃ	....
TARDE	....
NOITE	....

QUADRO 2: ATIVIDADES DE UM ADULTO QUE MORA COMIGO	
NOME DA PESSOA	....
MANHÃ	....
TARDE	....
NOITE	....

SUPERANDO DIFICULDADES COM A AJUDA DA FAMÍLIA

LUCA, PERSONAGEM DE HISTÓRIA EM QUADRINHOS, É UM GAROTO QUE PRECISA USAR CADEIRA DE RODAS PARA SE LOCOMOVER.

ASSIM QUE ELE E SUA FAMÍLIA MUDARAM DE BAIRRO, LUCA ENCONTROU ALGUMAS DIFICULDADES, COMO A FALTA DE RAMPAS NAS CALÇADAS, QUE FACILITARIAM A PASSAGEM DE SUA CADEIRA DE RODAS.

LEIA ESTE QUADRINHO, EM QUE LUCA CONHECE A SUA NOVA ESCOLA.

MAURICIO DE SOUSA. **ACESSIBILIDADE**. DISPONÍVEL EM: <http://turmadamonica.uol.com.br>. ACESSO EM: ABR. 2018.

1 QUE DIFICULDADE LUCA ENCONTROU?

....

....

A FAMÍLIA DE LUCA RESOLVEU FAZER ALGO A RESPEITO. REUNIU-SE COM OS FAMILIARES DE OUTROS ALUNOS PARA CONVERSAR SOBRE AQUELA SITUAÇÃO. ELES DECIDIRAM PEDIR ALGUMAS MUDANÇAS NA ESCOLA.

CONTINUE LENDO A HISTÓRIA EM QUADRINHOS.

MAURICIO DE SOUSA. **ACESSIBILIDADE**. DISPONÍVEL EM: <http://turmadamonica.uol.com.br>. ACESSO EM: ABR. 2018.

2 **EM SUA OPINIÃO, FOI IMPORTANTE OS FAMILIARES DOS ALUNOS SE REUNIREM PARA BUSCAR UMA SOLUÇÃO PARA O PROBLEMA DE LUCA E DE OUTRAS PESSOAS COM DEFICIÊNCIA? POR QUÊ?**

VEJA ABAIXO COMO FICOU A ENTRADA DA ESCOLA DE LUCA.

MAURICIO DE SOUSA. **ACESSIBILIDADE**. DISPONÍVEL EM: <http://turmadamonica.uol.com.br>. ACESSO EM: ABR. 2018.

3 COMPARE O QUADRINHO ACIMA COM O DA PÁGINA 17. O QUE MUDOU NA ENTRADA DA ESCOLA?

....

....

....

....

4 QUE ATIVIDADES AS PESSOAS COM DEFICIÊNCIA PASSARAM A REALIZAR MAIS FACILMENTE DEPOIS DA REFORMA NA ESCOLA? REVEJA OS QUADRINHOS DA PÁGINA ANTERIOR.

5 EM SUA OPINIÃO, QUAIS DIFICULDADES UMA PESSOA QUE UTILIZA CADEIRA DE RODAS, MULETAS OU BENGALA PODE ENCONTRAR PARA SE LOCOMOVER PELO BAIRRO ONDE VOCÊ VIVE?

DIFERENTES JEITOS DE VER O MUNDO

OBSERVE ESTAS FOTOGRAFIAS, QUE MOSTRAM A MESMA MÃO SOBRE UMA MESA EM DIFERENTES VISÕES.

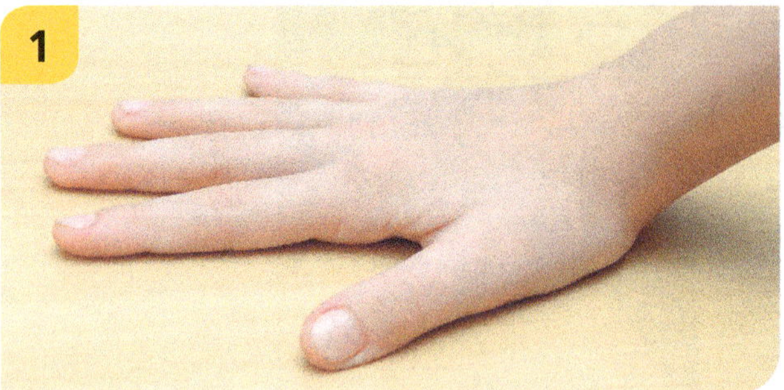

1

Fernando Favoretto/Criar Imagem

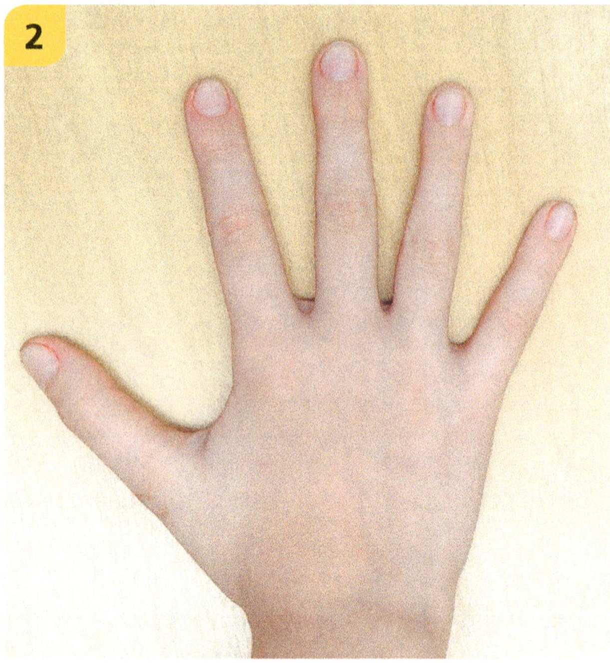

2

Fernando Favoretto/Criar Imagem

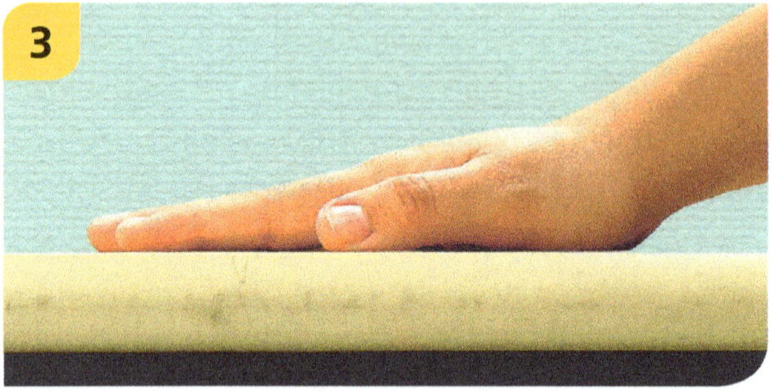

3

Iron Mantovanello/Arquivo da editora

A MÃO QUE APARECE NAS FOTOGRAFIAS É A DIREITA. AS PESSOAS QUE ESCREVEM COM ESSA MÃO SÃO **DESTRAS**, ENQUANTO AS PESSOAS QUE ESCREVEM COM A MÃO ESQUERDA SÃO **CANHOTAS**.

1. **MARQUE COM X. VOCÊ É:**

   ☐ DESTRO. ☐ CANHOTO.

2. **EM UMA FOLHA DE PAPEL SULFITE, FAÇA O CONTORNO DA MÃO QUE VOCÊ NÃO USA PARA ESCREVER. DEPOIS PINTE O DESENHO.**

3. **O DESENHO DA SUA MÃO É MAIS PARECIDO COM A:**

   ☐ FOTOGRAFIA 1. ☐ FOTOGRAFIA 2. ☐ FOTOGRAFIA 3.

O DESENHO QUE MOSTRA O CONTORNO DA SUA MÃO É UMA **REPRESENTAÇÃO** DELA VISTA DE CIMA PARA BAIXO.

4 OBSERVE AS SITUAÇÕES AO LADO. DEPOIS LIGUE AS FIGURAS, RELACIONANDO CADA POSIÇÃO DO MENINO À IMAGEM DO DADO QUE ELE VÊ.

Jótah/Arquivo da editora

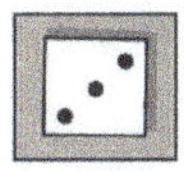

5 OBSERVE AS FOTOGRAFIAS E DEPOIS RESPONDA ÀS QUESTÕES.

Sergio Dotta Jr./Arquivo da editora

Sergio Dotta Jr./Arquivo da editora

A) NA FOTOGRAFIA 1, OS OBJETOS SÃO OBSERVADOS:

☐ DE CIMA. ☐ DE LADO. ☐ DE CIMA E DE LADO.

B) NA FOTOGRAFIA 2, ELES SÃO OBSERVADOS:

☐ DE CIMA E DE LADO. ☐ DE CIMA PARA BAIXO.

C) OLHANDO PARA AS FOTOGRAFIAS, QUE OBJETO ESTÁ:

- À DIREITA DO LIVRO? ....
- À ESQUERDA DO LIVRO? ....
- À FRENTE DA CARTEIRA? ....
- ATRÁS DA CARTEIRA? ....

VAMOS RETOMAR

1 IMAGINE A SEGUINTE SITUAÇÃO: JOSÉ TEM 6 ANOS E FOI ADOTADO POR PATRÍCIA E JAIR.

A) ESSE GRUPO FORMA UMA FAMÍLIA?

☐ SIM. ☐ NÃO.

B) POR QUÊ?

....

....

2 OBSERVE AS ILUSTRAÇÕES. DEPOIS CIRCULE AS 7 DIFERENÇAS ENTRE ELAS.

A) O QUE ESTÁ DENTRO DA CESTA NAS ILUSTRAÇÕES ACIMA?

....

B) EM QUAL ILUSTRAÇÃO HÁ UMA MAÇÃ FORA DA CESTA?

☐ ILUSTRAÇÃO 1 ☐ ILUSTRAÇÃO 2

AUTOAVALIAÇÃO

VAMOS PENSAR SOBRE O QUE VOCÊ APRENDEU NESTA UNIDADE? MARQUE COM **X** A OPÇÃO QUE MELHOR REPRESENTE SUA RESPOSTA A CADA PERGUNTA ABAIXO.			
1. VOCÊ RECONHECE QUE A FAMÍLIA É IMPORTANTE?			
2. VOCÊ RECONHECE QUE AS FAMÍLIAS SÃO DIFERENTES?			
3. VOCÊ SABE RELACIONAR OS PERÍODOS DO DIA ÀS ATIVIDADES DAS PESSOAS?			
4. VOCÊ RECONHECE QUE A CONVIVÊNCIA FAMILIAR É UM DIREITO?			
5. VOCÊ CONSEGUE IDENTIFICAR A POSIÇÃO DE OBJETOS EM RELAÇÃO A OUTROS OBJETOS?			

SUGESTÕES

PARA LER

Reprodução/Formato

- **DUAS VEZES PAI,** DE TELMA GUIMARÃES. SÃO PAULO: FORMATO, 2009.

  ESTA É A HISTÓRIA DE JÚLIO, UM MENINO QUE VIVE COM O AVÔ. OS DOIS SÃO GRANDES COMPANHEIROS E FAZEM MUITAS COISAS JUNTOS. POR ISSO, JÚLIO CHAMA O AVÔ DE PAI.

Reprodução/Formato

- **FAMÍLIA,** DE ANNA CLAUDIA RAMOS E ANA RAQUEL. SÃO PAULO: FORMATO, 2009. (COLEÇÃO TODO MUNDO TEM).

  NESTE LIVRO VOCÊ VAI CONHECER DIFERENTES TIPOS DE FAMÍLIA, INCLUINDO AQUELAS FORMADAS POR PESSOAS QUE ESTÃO COM A GENTE HÁ TANTO TEMPO QUE SÃO CONSIDERADAS DA FAMÍLIA.

UNIDADE

2 AS MORADIAS

NESTA UNIDADE VOCÊ VAI:

- IDENTIFICAR DIFERENTES TIPOS DE MORADIA.
- RECONHECER A MORADIA SEGURA COMO UM DIREITO.
- IDENTIFICAR OS CÔMODOS DE UMA MORADIA.
- COMPARAR ALGUMAS MORADIAS EM DIFERENTES LOCAIS DO BRASIL E DO MUNDO.
- RECONHECER QUE AS MORADIAS REFLETEM OS MODOS DE VIVER E AS RELAÇÕES DAS PESSOAS COM A NATUREZA.
- RECONHECER A MAQUETE COMO UMA REPRESENTAÇÃO REDUZIDA DA REALIDADE.

1. AS FOTOGRAFIAS MOSTRAM MORADIAS. VOCÊ IDENTIFICA SEMELHANÇAS E DIFERENÇAS ENTRE ELAS? QUAIS?
2. A SUA MORADIA É PARECIDA COM AS MOSTRADAS NAS FOTOGRAFIAS? COM QUAL? SE NÃO, COMO É A SUA MORADIA?
3. ALÉM DA SUA MORADIA E DAS APRESENTADAS NAS FOTOGRAFIAS, VOCÊ CONHECE OUTROS TIPOS DE MORADIA? COMO ELAS SÃO?

1. PRÉDIOS DE APARTAMENTOS NO MUNICÍPIO DE LAGOA SANTA, NO ESTADO DE MINAS GERAIS, EM 2015.
2. CASAS TÉRREAS E SOBRADOS NO MUNICÍPIO DE MACHADO, NO ESTADO DE MINAS GERAIS, EM 2015.

1

Marcos Amend/Pulsar Imagens

2

João Prudente/Pulsar Imagens

DIFERENTES MORADIAS

AS MORADIAS OFERECEM PROTEÇÃO E ABRIGO ÀS PESSOAS E PODEM SER DE MUITOS TIPOS.

LEIA

DEZ CASAS E UM POSTE QUE PEDRO FEZ

ELAS PODEM SER **TÉRREAS** OU TER MAIS DE UM ANDAR. NESTE CASO, ELAS SÃO CHAMADAS DE **SOBRADOS**. OBSERVE.

João Prudente/Pulsar Imagens

CASA TÉRREA, FEITA DE TIJOLOS E COBERTA COM TELHAS DE CERÂMICA NO MUNICÍPIO DE ABAÍRA, NO ESTADO DA BAHIA, EM 2016.

Luciana Whitaker/Pulsar Imagens

SOBRADO FEITO DE BLOCOS DE CONCRETO REBOCADOS NO MUNICÍPIO DE RIO GRANDE, NO ESTADO DO RIO GRANDE DO SUL, EM 2016.

EXISTEM TAMBÉM OS **PRÉDIOS DE APARTAMENTOS**, COM VÁRIOS ANDARES. NELES MORAM MUITAS FAMÍLIAS, CADA UMA DELAS EM UM APARTAMENTO. OBSERVE A FOTOGRAFIA AO LADO.

João Prudente/Pulsar Imagens

PRÉDIO DE APARTAMENTOS NO MUNICÍPIO DE GOIÂNIA, NO ESTADO DE GOIÁS, EM 2015. NESSE TIPO DE CONSTRUÇÃO SÃO UTILIZADOS VÁRIOS MATERIAIS, ENTRE ELES FERRO E CIMENTO.

MUITAS VEZES, AS MORADIAS SÃO CONSTRUÍDAS DE ACORDO COM AS CARACTERÍSTICAS NATURAIS DO LOCAL ONDE ESTÃO. AS **PALAFITAS**, POR EXEMPLO, SÃO MORADIAS SITUADAS ÀS MARGENS DE RIOS E LAGOS. SÃO SUSTENTADAS POR ESTACAS DE MADEIRA, QUE EVITAM ALAGAMENTOS NA ÉPOCA DAS CHEIAS. VEJA A FOTOGRAFIA ABAIXO.

Jose Roberto Couto/Tyba

PALAFITA ÀS MARGENS DO RIO AMAZONAS, NO MUNICÍPIO DE CAREIRO DA VÁRZEA, NO ESTADO DO AMAZONAS, EM 2015. AS PESSOAS QUE HABITAM ESSE TIPO DE MORADIA TÊM UMA RELAÇÃO FORTE COM O RIO, UTILIZADO COMO MEIO DE TRANSPORTE, FONTE DE ALIMENTO E PARA DIVERSÃO E HIGIENE PESSOAL.

AS PESSOAS TAMBÉM PODEM CONSTRUIR AS MORADIAS DE ACORDO COM SEUS COSTUMES E SUAS TRADIÇÕES, MANTENDO O JEITO DE CONSTRUIR DE SEUS ANTEPASSADOS. OBSERVE AS FOTOGRAFIAS.

ESTA MORADIA É UMA CONSTRUÇÃO TÍPICA DOS DESCENDENTES DE AFRICANOS TRAZIDOS PARA O BRASIL COMO ESCRAVOS. OS MORADORES MANTÊM AS TRADIÇÕES E O MODO DE VIDA DE SEUS ANTEPASSADOS. AS PAREDES SÃO FEITAS DE BARRO, E O TELHADO, DE PALHA. SÃO MATERIAIS QUE DEIXAM O INTERIOR DA CASA MAIS FRESCO. MORADIA NA COMUNIDADE QUILOMBOLA MIMBÓ, NO MUNICÍPIO DE AMARANTE, NO ESTADO DO PIAUÍ, EM 2014.

Candido Neto/Olhar Imagem

Karlheinz Weichert/Tyba

O JEITO DE CONSTRUIR CASAS COMO ESSA, COM ESTRUTURA DE MADEIRA PREENCHIDA COM TIJOLOS, FOI TRAZIDO AO BRASIL PELOS ALEMÃES E CHAMA-SE ENXAIMEL. MORADIA NO MUNICÍPIO DE ALTO BENEDITO NOVO, NO ESTADO DE SANTA CATARINA, EM 2014.

COMO VOCÊ OBSERVOU, PODEM SER UTILIZADOS DIFERENTES MATERIAIS NA CONSTRUÇÃO DAS MORADIAS.

O USO DESSES MATERIAIS VARIA CONFORME AS CARACTERÍSTICAS NATURAIS DO LOCAL, AS TRADIÇÕES, OS MODOS DE VIDA, OS GOSTOS E AS CONDIÇÕES FINANCEIRAS DOS MORADORES, ENTRE OUTROS FATORES.

1 CIRCULE NO QUADRO ABAIXO O NOME DOS MATERIAIS QUE FORAM UTILIZADOS NA CONSTRUÇÃO DA SUA MORADIA.

TIJOLO BARRO FERRO MADEIRA

CIMENTO PALHA AREIA VIDRO PAPELÃO

2 LIGUE CADA UMA DAS CRIANÇAS AO TIPO DE MORADIA QUE HABITAM.

Hagaquezart Estúdio/Arquivo da editora

SOBRADO

MORADIA EM COMUNIDADE QUILOMBOLA

PALAFITA

3 CONVERSE COM OS COLEGAS E O PROFESSOR SOBRE O QUE VOCÊ MAIS GOSTA NA SUA MORADIA. VOCÊ PODE MENCIONAR, POR EXEMPLO, OS MATERIAIS COM QUE ELA É FEITA OU A MANEIRA COMO FOI CONSTRUÍDA. OUÇA TAMBÉM A OPINIÃO DOS COLEGAS.

O DIREITO À MORADIA

TER UMA MORADIA QUE OFEREÇA SEGURANÇA E PROTEÇÃO É UM DIREITO DE TODAS AS PESSOAS. MAS SERÁ QUE TODOS TÊM ESSE DIREITO RESPEITADO? OBSERVE AS FOTOGRAFIAS.

Chico Ferreira/Pulsar Imagens

1 MORADIAS CONSTRUÍDAS NA BEIRA DE UM RIO POLUÍDO NO MUNICÍPIO DO RIO DE JANEIRO, NO ESTADO DO RIO DE JANEIRO, EM 2017.

Adriano Vizoni/Folhapress

2 PESSOAS EM SITUAÇÃO DE RUA NO MUNICÍPIO DE SÃO PAULO, NO ESTADO DE SÃO PAULO, EM 2017.

1. EM SUA OPINIÃO, QUE DIFICULDADES AS PESSOAS QUE VIVEM NAS SITUAÇÕES MOSTRADAS NESSAS FOTOGRAFIAS ENFRENTAM?

....

....

....

2. VOCÊ JÁ VIU PESSOAS QUE VIVEM EM SITUAÇÕES SEMELHANTES ÀS MOSTRADAS NAS FOTOGRAFIAS? SE SIM, ONDE?

3. EM SUA OPINIÃO, AS PESSOAS QUE VIVEM NOS LOCAIS MOSTRADOS NAS FOTOGRAFIAS TÊM SEU DIREITO À MORADIA RESPEITADO? POR QUÊ?

DEPENDÊNCIAS DAS MORADIAS

LEIA
CASAS

AS MORADIAS PODEM SER DE DIFERENTES TIPOS E TAMANHOS E GERALMENTE SÃO DIVIDIDAS EM PARTES.

AS PARTES DE UMA MORADIA, COMO A COZINHA, A SALA, O BANHEIRO E O QUARTO, CHAMAM-SE **CÔMODOS** OU **DEPENDÊNCIAS**. CADA DEPENDÊNCIA É UTILIZADA PARA DETERMINADAS ATIVIDADES E TEM SEUS PRÓPRIOS MÓVEIS, UTENSÍLIOS E OUTROS OBJETOS.

1 **IDENTIFIQUE NA ILUSTRAÇÃO AS DEPENDÊNCIAS DA CASA UTILIZANDO OS NÚMEROS DO QUADRO ABAIXO.**

1	COZINHA	5	QUINTAL
2	SALA	6	ÁREA DE SERVIÇO
3	QUARTO	7	GARAGEM
4	BANHEIRO		

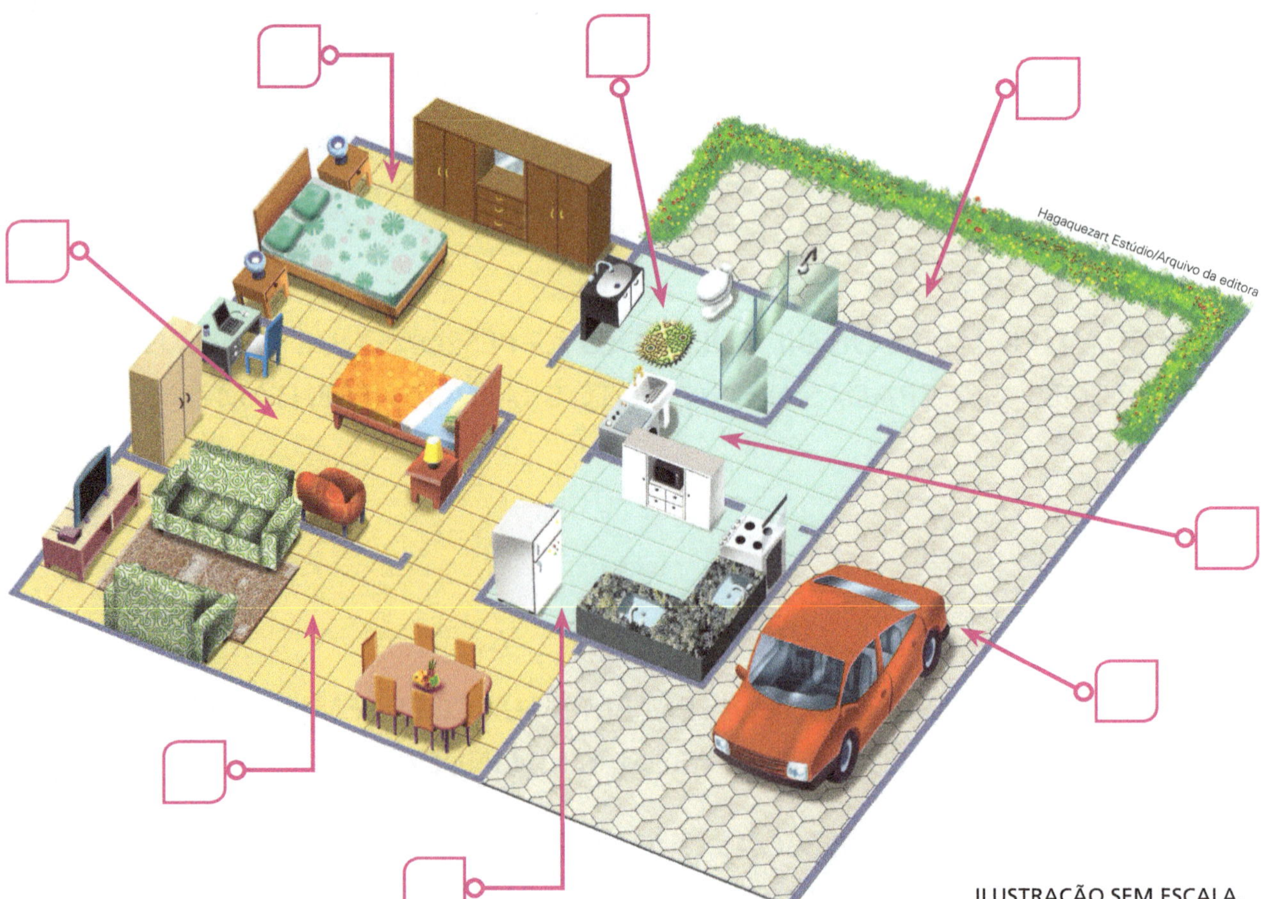

ILUSTRAÇÃO SEM ESCALA.

2 OBSERVE A REPRODUÇÃO DE UMA PINTURA DE VINCENT VAN GOGH.

QUARTO DE VINCENT EM ARLES, DE VINCENT VAN GOGH, 1889 (ÓLEO SOBRE TELA DE 73 cm × 92 cm). NESSA OBRA, O ARTISTA PINTOU UM CÔMODO DA CASA ONDE ELE VIVEU, NA CIDADE DE ARLES, NA FRANÇA.

A) QUE DEPENDÊNCIA DA CASA O ARTISTA REPRESENTOU?

....

B) QUE ATIVIDADES O ARTISTA PROVAVELMENTE REALIZAVA NESSE CÔMODO?

....

....

....

3 **EM UMA FOLHA À PARTE, DESENHE UMA DEPENDÊNCIA DA SUA MORADIA. INCLUA OS MÓVEIS E OBJETOS NELA EXISTENTES E RETRATE O QUE VOCÊ COSTUMA FAZER NESSE CÔMODO.**

MORADIAS INDÍGENAS

1 LEIA O TEXTO ABAIXO, COM O PROFESSOR, SOBRE A MORADIA DO POVO YAWALAPITI.

[...] AS CASAS SÃO COMUNAIS, ISTO É, COMUNS A VÁRIAS FAMÍLIAS, APARENTADAS ENTRE SI. O TAMANHO DA CASA VARIA DE ACORDO COM O NÚMERO DE MORADORES. O ESPAÇO INTERNO NORMALMENTE É ORGANIZADO ASSIM: HÁ O ESPAÇO DA COZINHA; O DEPÓSITO DE ALIMENTOS QUE FICA NO CENTRO DA CASA, E UM OUTRO, EM FRENTE À PORTA DE ENTRADA, ONDE OS VISITANTES SÃO RECEBIDOS E AS DANÇAS REALIZADAS. OS MORADORES DORMEM EM REDES QUE SÃO AMARRADAS NAS LATERAIS DA CASA. À NOITE, A CASA É FECHADA COM PORTAS FEITAS DE MADEIRA E PALHA E PEQUENAS FOGUEIRAS SÃO ACESAS ABAIXO DAS REDES, DEIXANDO O INTERIOR COM UMA TEMPERATURA AGRADÁVEL.

INSTITUTO SOCIOAMBIENTAL. POVOS INDÍGENAS NO BRASIL MIRIM. **COMO É A CASA DOS YAWALAPITI?**. DISPONÍVEL EM: <https://mirim.org/como-vivem/casas>. ACESSO EM: ABR. 2018.

Luciola Zvarick/Pulsar Imagens

MORADIA DO POVO YAWALAPITI, NO PARQUE INDÍGENA DO XINGU, NO ESTADO DE MATO GROSSO, EM 2016.

Luciola Zvarick/Pulsar Imagens

MORADIA DO POVO YAWALAPITI EM CONSTRUÇÃO. FOTOGRAFIA DE 2016.

- A MORADIA DOS YAWALAPITI SE PARECE COM A SUA? POR QUÊ?

NA PÁGINA ANTERIOR VOCÊ CONHECEU UMA MORADIA INDÍGENA. NO ENTANTO, HÁ VÁRIOS OUTROS TIPOS. CONHEÇA MAIS ALGUMAS MORADIAS INDÍGENAS, CADA UMA DELAS RELACIONADA AO MODO DE VIDA DESSES POVOS.

Edson Sato/Pulsar Imagens

MORADIA DO POVO YANOMAMI, NO MUNICÍPIO DE MUCAJAÍ, NO ESTADO DE RORAIMA. NESSE TIPO DE MORADIA GERALMENTE VIVEM MUITAS FAMÍLIAS. FOTOGRAFIA DE 2010.

Delfim Martins/Pulsar Imagens

MORADIA DO POVO KAPINAWÁ, NO MUNICÍPIO DE BUÍQUE, NO ESTADO DE PERNAMBUCO, EM 2013.

VAMOS FALAR SOBRE...

RESPEITO ÀS CULTURAS INDÍGENAS

COMO VOCÊ PODE PERCEBER, AS MORADIAS DOS POVOS INDÍGENAS SÃO DIFERENTES ENTRE SI, ASSIM COMO OUTROS COSTUMES E TAMBÉM SUAS LÍNGUAS.

- **CONSIDERANDO O QUE VOCÊ APRENDEU, COMO PODEMOS RESPEITAR OS INDÍGENAS QUE VIVEM EM NOSSA SOCIEDADE, INDEPENDENTEMENTE DO COSTUME E DO MODO DE VIVER DE CADA GRUPO? CONVERSE COM OS COLEGAS E O PROFESSOR.**

AMPLIAR HORIZONTES

MORADIAS E ABRIGOS PELO MUNDO

OS SERES HUMANOS CONSTROEM MORADIAS E ABRIGOS PARA SE PROTEGER, CONVIVER E REALIZAR DIVERSAS ATIVIDADES, E ISSO ESTÁ RELACIONADO AO MODO DE VIDA DAS PESSOAS E ÀS CARACTERÍSTICAS DA NATUREZA LOCAL. AS MORADIAS E OS ABRIGOS SÃO CONSTRUÍDOS COM DIVERSOS MATERIAIS, DE ACORDO COM OS RECURSOS DISPONÍVEIS. OBSERVE AS FOTOGRAFIAS.

Christopher Meder/Shutterstock

MORADIA DE MADEIRA NO CANADÁ, EM 2015. O FORMATO DO TELHADO AJUDA A NEVE A ESCORREGAR E NÃO SE ACUMULAR SOBRE ELE.

IStock Editorial/Getty Images

CASAS-BARCO, FEITAS DE MADEIRA, FLUTUAM NOS CANAIS DOS PAÍSES BAIXOS. FOTOGRAFIA DE 2015.

ElenaMirage/Alamy/Fotoarena

MORADIA ESCAVADA EM ROCHA NA TURQUIA. FOTOGRAFIA DE 2016.

sihasakprachum/iStock Editorial/Getty Images

A IURTA, ABRIGO USADO PELOS POVOS **NÔMADES** DA MONGÓLIA, É UMA TENDA CIRCULAR FEITA DE MADEIRA E REVESTIDA COM UM TECIDO FEITO COM LÃ DE CARNEIRO E OVELHA. FOTOGRAFIA DE 2013.

NÔMADE: QUE NÃO TEM MORADIA FIXA.

Travelib Madagascar/Alamy/Fotoarena

MORADIA FEITA DE GALHOS, TRONCOS DE ÁRVORES E BARRO. O TETO É DE PALHA. FOTOGRAFIA TIRADA EM MADAGASCAR, EM 2013.

1 **CONVERSE COM OS COLEGAS E O PROFESSOR SOBRE AS FOTOGRAFIAS.**

A) QUAIS SÃO OS MATERIAIS USADOS NA CONSTRUÇÃO DESSAS MORADIAS?

B) QUE OUTRAS INFORMAÇÕES SOBRE ESSAS MORADIAS VOCÊ OBTEVE NA LEGENDA DAS FOTOGRAFIAS?

C) VOCÊ JÁ VIU MORADIAS PARECIDAS? ONDE?

D) EM QUAL DESSAS MORADIAS VOCÊ GOSTARIA DE VIVER? POR QUÊ?

2 **PROCURE EM REVISTAS E JORNAIS IMAGENS DE MORADIAS DIFERENTES DAS APRESENTADAS NESTA SEÇÃO. RECORTE E COLE EM UMA FOLHA À PARTE. ESCREVA UMA LEGENDA PARA CADA IMAGEM, COM O NOME DO LOCAL E UMA CARACTERÍSTICA DA CONSTRUÇÃO. DEPOIS, MOSTRE SUA PRODUÇÃO AOS COLEGAS E AO PROFESSOR.**

REPRESENTAR O MUNDO

MAQUETE

A **MAQUETE** É UMA REPRESENTAÇÃO EM TAMANHO REDUZIDO DE UM OBJETO, CÔMODO, MORADIA, SALA DE AULA OU BAIRRO, POR EXEMPLO.

ELA É A FORMA DE REPRESENTAÇÃO QUE MAIS SE APROXIMA DA REALIDADE, POIS MANTÉM OS ELEMENTOS DE UM ESPAÇO EM SUAS TRÊS DIMENSÕES: ALTURA, LARGURA E COMPRIMENTO.

1 **OBSERVE AS FOTOGRAFIAS DE UMA MAQUETE.**

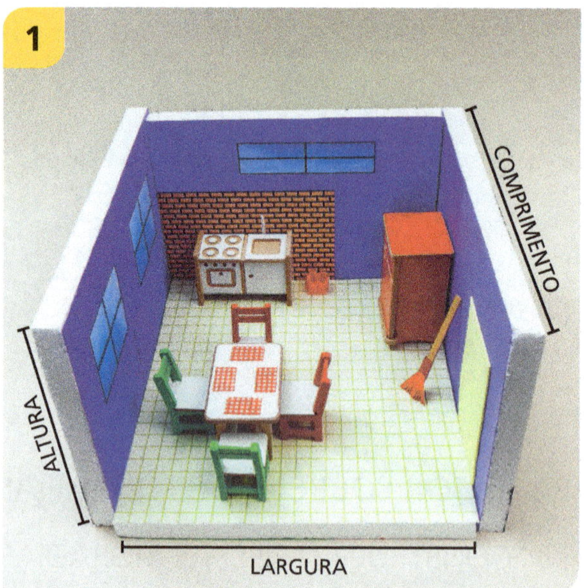

Sérgio Dotta Jr. /Arquivo da editora

Sérgio Dotta Jr. /Arquivo da editora

A) COMPLETE O NOME DO CÔMODO REPRESENTADO NA MAQUETE.

	O			N		A

B) QUAL DAS FOTOGRAFIAS MOSTRA ESSE CÔMODO VISTO DE CIMA PARA BAIXO?

☐ A FOTOGRAFIA 1. ☐ A FOTOGRAFIA 2.

C) NA MAQUETE, O CÔMODO E OS OBJETOS SÃO:

☐ MAIORES QUE NA REALIDADE.

☐ MENORES QUE NA REALIDADE.

2 OBSERVE AS FOTOGRAFIAS DE DETALHES DA MAQUETE DA PÁGINA ANTERIOR. ESCREVA O NOME DOS OBJETOS REPRESENTADOS.

A

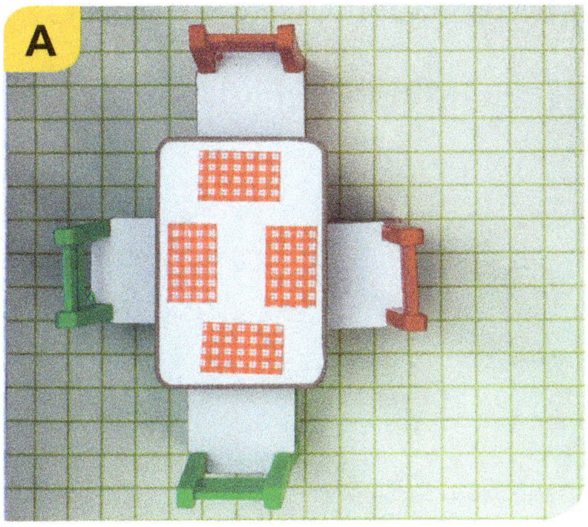

Sérgio Dotta Jr. /Arquivo da editora

B

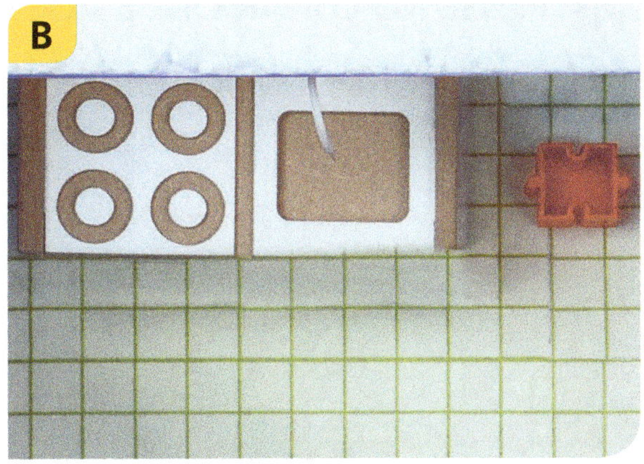

Sérgio Dotta Jr. /Arquivo da editora

....

....

3 AGORA, OBSERVE ESTAS ILUSTRAÇÕES:

1

2

Ilustrações: Hagaquezart Estúdio/Arquivo da editora

ESCREVA O NÚMERO DA ILUSTRAÇÃO QUE APRESENTA:

☐ A PANELA MENOR. ☐ A PANELA MAIOR.

VOCÊ PERCEBEU QUE É POSSÍVEL REPRESENTAR OBJETOS E ESPAÇOS DIMINUINDO SEU TAMANHO. CHAMAMOS ISSO DE **REDUÇÃO**.

4 EM UMA FOLHA À PARTE, DESENHE A COZINHA DA SUA MORADIA, COM OS OBJETOS QUE HÁ NELA. DEPOIS, COMPARE SEU DESENHO COM O DOS COLEGAS.

VAMOS RETOMAR

1 **PENSE NO LUGAR ONDE VOCÊ MORA E RESPONDA ÀS QUESTÕES.**

A) MARQUE COM **X** O DESENHO QUE MELHOR REPRESENTA A SUA MORADIA.

Talita Guedes/Alamy/Fotoarena

B) QUE TIPO DE MORADIA PREDOMINA NA RUA ONDE VOCÊ MORA?

....

2 **OBSERVE AS FOTOGRAFIAS. DEPOIS RESPONDA ÀS QUESTÕES.**

Wolfgang Kaehler/LightRocket via Getty Images

MORADIA EM MIANMAR, EM 2017.

Alexander Nikiforov/Alamy/Fotoarena

MORADIA NA RÚSSIA, EM 2016.

A) QUAL CARACTERÍSTICA NATURAL DOS LOCAIS DETERMINOU OS TIPOS DE CONSTRUÇÃO MOSTRADOS NAS FOTOGRAFIAS?

....

B) QUAL CARACTERÍSTICA DAS CASAS POSSIBILITOU QUE ELAS FOSSEM CONSTRUÍDAS NESSES LOCAIS? LIGUE:

FOTOGRAFIA 1	SISTEMA QUE PERMITE QUE A CASA FLUTUE.
FOTOGRAFIA 2	ESTACAS PARA PROTEGER A CASA DA ÁGUA.

AUTOAVALIAÇÃO

VAMOS PENSAR SOBRE O QUE VOCÊ APRENDEU NESTA UNIDADE?
MARQUE COM **X** A OPÇÃO QUE MELHOR REPRESENTE SUA RESPOSTA A CADA PERGUNTA ABAIXO.

1. VOCÊ CONSEGUE IDENTIFICAR DIFERENTES TIPOS DE MORADIA?			
2. VOCÊ RECONHECE QUE TODOS TÊM DIREITO A UMA MORADIA SEGURA?			
3. VOCÊ SABE IDENTIFICAR OS CÔMODOS DE UMA MORADIA?			
4. VOCÊ CONSEGUE COMPARAR ALGUMAS MORADIAS EM DIFERENTES LOCAIS?			
5. VOCÊ RECONHECE QUE AS MORADIAS REFLETEM OS MODOS DE VIDA DAS PESSOAS E A MANEIRA COMO SE RELACIONAM COM A NATUREZA?			
6. VOCÊ RECONHECE QUE A MAQUETE É UMA REPRESENTAÇÃO REDUZIDA DA REALIDADE?			

SUGESTÕES

PARA LER

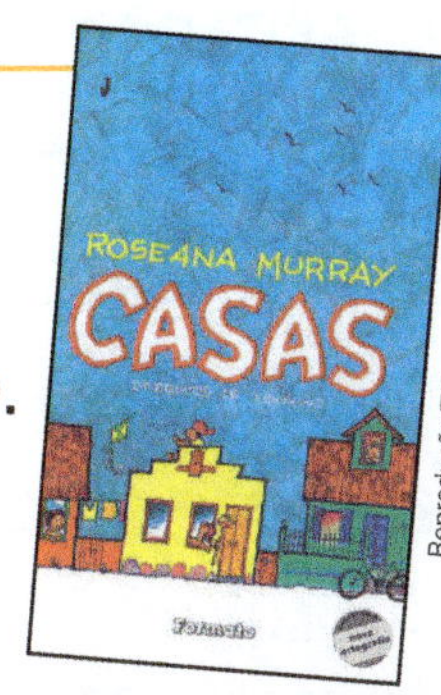

Reprodução/Formato Editorial

- **CASAS**, DE ROSEANA MURRAY. SÃO PAULO: FORMATO, 2009.

CASA MALUCA, CASA DO CÉU, CASA DE AVÓ, CASA DE VIZINHO, CASA DE ÍNDIO, CAVERNA, CASA DE AMIGO... ESSAS SÃO ALGUMAS DAS CASAS DESCRITAS NESTE LIVRO EM FORMA DE POEMA.

Reprodução/Editora Projeto

- **DEZ CASAS E UM POSTE QUE PEDRO FEZ**, DE HERMES BERNARDI JR. PORTO ALEGRE: PROJETO, 2010.

NESTE LIVRO CRIATIVO VOCÊ VAI CONHECER CASAS MUITO ENGRAÇADAS E SEUS DIVERTIDOS MORADORES.

UNIDADE

3 AS ESCOLAS

NESTA UNIDADE VOCÊ VAI:

- RECONHECER QUE TODAS AS CRIANÇAS TÊM O DIREITO DE FREQUENTAR UMA ESCOLA.
- RECONHECER QUE OS GOVERNANTES TÊM O DEVER DE CONSTRUIR E MANTER ESCOLAS.
- DIFERENCIAR ESCOLA PÚBLICA DE ESCOLA PARTICULAR.
- RECONHECER QUE EXISTEM DIFERENTES ESCOLAS.
- RECONHECER QUE MUITOS ADULTOS TAMBÉM VÃO À ESCOLA.
- ELABORAR UMA REPRESENTAÇÃO (MAPA MENTAL) DO PERCURSO ENTRE A MORADIA E A ESCOLA.

1. EM SUA OPINIÃO, AS SALAS DE AULA MOSTRADAS NAS FOTOGRAFIAS SÃO IGUAIS OU DIFERENTES? POR QUÊ?
2. ALGUMA DESSAS SALAS DE AULA SE PARECE COM A SUA? QUAL?
3. SERÁ QUE É IMPORTANTE QUE TODAS AS CRIANÇAS FREQUENTEM A ESCOLA, COMO VOCÊ? POR QUÊ?

1. SALA DE AULA EM ESCOLA INDÍGENA, NO MUNICÍPIO DE MANAUS, NO ESTADO DO AMAZONAS, EM 2014.
2. SALA DE AULA EM ESCOLA PÚBLICA NO MUNICÍPIO DE SANTA LUZ, NO ESTADO DA BAHIA, EM 2014.

1

Fabio Colombini/Acervo do fotógrafo

Sergio Pedreira/Pulsar Imagens

2

TODA CRIANÇA TEM DIREITO A ESCOLA

A PARTIR DOS 4 ANOS DE IDADE, TODAS AS CRIANÇAS BRASILEIRAS TÊM O DIREITO DE FREQUENTAR UMA ESCOLA, ONDE APRENDEM A LER, ESCREVER, CALCULAR E DESENHAR. APRENDEM TAMBÉM A CONVIVER COM DIFERENTES PESSOAS, FAZER AMIGOS E SE DIVERTIR. OBSERVE A FOTOGRAFIA.

Marcos André/Opção Brasil Imagens

ALUNOS EM ATIVIDADE EM GRUPO NA SALA DE AULA DE ESCOLA PÚBLICA NO MUNICÍPIO DE TURMALINA, NO ESTADO DE MINAS GERAIS, EM 2015.

MAS SERÁ QUE TODA CRIANÇA VAI À ESCOLA?

APESAR DE TEREM O DIREITO DE ESTUDAR, HÁ MUITAS CRIANÇAS, NO BRASIL E EM OUTROS PAÍSES, QUE NÃO FREQUENTAM UMA ESCOLA. ISSO ACONTECE PORQUE A ESCOLA PODE FICAR LONGE DE SUA MORADIA OU PORQUE NÃO HÁ VAGAS PARA TODAS ELAS.

HÁ CRIANÇAS QUE DEIXAM DE IR À ESCOLA PORQUE PRECISAM CUIDAR DOS IRMÃOS MENORES OU PORQUE TRABALHAM PARA AJUDAR A FAMÍLIA. VEJA A FOTOGRAFIA AO LADO.

TAMBÉM HÁ CRIANÇAS QUE VIVEM NAS RUAS, SEM FAMÍLIA OU OUTROS RESPONSÁVEIS QUE CUIDEM DELAS E GARANTAM QUE ELAS FREQUENTEM UMA ESCOLA.

Hans Von Manteuffel/Opção Brasil Imagens

CRIANÇA RECEBENDO DINHEIRO POR TER LIMPADO PARA-BRISA DE CARRO, NO MUNICÍPIO DO RECIFE, NO ESTADO DE PERNAMBUCO, EM 2014.

QUEM CONSTRÓI A ESCOLA?

OS GOVERNANTES SÃO OS RESPONSÁVEIS POR CONSTRUIR **ESCOLAS PÚBLICAS**, CONTRATAR PROFESSORES E OUTROS FUNCIONÁRIOS E FORNECER O QUE É NECESSÁRIO PARA UMA BOA FORMAÇÃO ESCOLAR DE CRIANÇAS E JOVENS.

O DINHEIRO UTILIZADO PELO GOVERNO PARA A CONSTRUÇÃO E MANUTENÇÃO DAS ESCOLAS VEM DOS IMPOSTOS PAGOS PELAS PESSOAS.

Delfim Martins/Tyba

ESCOLA PÚBLICA NO MUNICÍPIO DE MONTEIRO, NO ESTADO DA PARAÍBA, EM 2016.

GOVERNANTE: PESSOA QUE ADMINISTRA UM MUNICÍPIO, ESTADO OU PAÍS.
IMPOSTO: VALOR PAGO POR PESSOAS E EMPRESAS AO GOVERNO, UTILIZADO PARA A CONSTRUÇÃO DE ESCOLAS E HOSPITAIS, ENTRE OUTROS SERVIÇOS.

ALÉM DAS ESCOLAS PÚBLICAS, HÁ AS **ESCOLAS PARTICULARES** (OU PRIVADAS). PARA ESTUDAR EM UMA ESCOLA PARTICULAR, OS ALUNOS OU SEUS RESPONSÁVEIS PAGAM UMA MENSALIDADE AOS DONOS DA ESCOLA.

EXISTEM, AINDA, ESCOLAS MANTIDAS POR FUNDAÇÕES OU INSTITUIÇÕES.

Ernesto Reghran/Pulsar Imagens

ESCOLA PARTICULAR NO MUNICÍPIO DE LONDRINA, NO ESTADO DO PARANÁ, EM 2016.

1 LEIA O CARTAZ A SEGUIR. DEPOIS, CONVERSE COM OS COLEGAS E O PROFESSOR.

A) QUAL É O TEMA DO CARTAZ?

B) DE ACORDO COM O CARTAZ, POR QUE MUITAS CRIANÇAS DEIXAM DE IR À ESCOLA?

C) EM SUA OPINIÃO, NO BRASIL, O DIREITO À EDUCAÇÃO DAS CRIANÇAS É SEMPRE RESPEITADO? EXPLIQUE SUA RESPOSTA.

D) EM SUA OPINIÃO, O QUE ACONTECE SE UMA CRIANÇA NÃO FREQUENTA A ESCOLA?

Reprodução/Ministério Público do Trabalho

CARTAZ DIVULGADO PELO MINISTÉRIO PÚBLICO DO TRABALHO.

2 A ESCOLA ONDE VOCÊ ESTUDA É:

☐ PÚBLICA. ☐ PARTICULAR.

- ESCREVA O NOME COMPLETO DELA.

....

TROCA DE IDEIAS

- A ESCOLA É UM ESPAÇO DE TODOS OS QUE FAZEM PARTE DA COMUNIDADE ESCOLAR (ALUNOS, PROFESSORES E FUNCIONÁRIOS). PENSANDO NISSO, RESPONDA: EM SUA OPINIÃO, DE QUEM É A RESPONSABILIDADE PELOS CUIDADOS COM A LIMPEZA E A ORGANIZAÇÃO DA ESCOLA?

ESCOLAS NA CIDADE E NO CAMPO

DIVERSAS ESCOLAS ESTÃO LOCALIZADAS NAS CIDADES, ONDE EXISTEM MUITAS PESSOAS, VEÍCULOS E CONSTRUÇÕES, COMO CASAS, PRÉDIOS, INDÚSTRIAS E ESTABELECIMENTOS COMERCIAIS.

MAS HÁ TAMBÉM ESCOLAS LOCALIZADAS NO CAMPO, ONDE EXISTEM **PLANTAÇÕES**, ANIMAIS PARA CRIAÇÃO E MENOS PESSOAS, CONSTRUÇÕES E VEÍCULOS DO QUE NAS CIDADES.

PLANTAÇÃO: ÁREA OCUPADA POR PLANTAS CULTIVADAS PELO SER HUMANO. EXEMPLO: PLANTAÇÃO DE FEIJÃO.

Delfim Martins/Pulsar Imagens

ESCOLA PÚBLICA NO CAMPO, NO MUNICÍPIO DE TUCUMÃ, NO ESTADO DO PARÁ, EM 2016.

João Prudente/Pulsar Imagens

ESCOLA PÚBLICA NA CIDADE, NO MUNICÍPIO DE OURO FINO, NO ESTADO DE MINAS GERAIS, EM 2016.

1 MARQUE COM **X** ONDE ESTÁ LOCALIZADA A ESCOLA ONDE VOCÊ ESTUDA:

☐ NO CAMPO. ☐ NA CIDADE.

2 COMPARE A ESCOLA ONDE VOCÊ ESTUDA COM AS ESCOLAS MOSTRADAS NAS FOTOGRAFIAS DA PÁGINA ANTERIOR. ESCREVA:

- UMA SEMELHANÇA: ....

....

- UMA DIFERENÇA: ....

....

3 EM UMA FOLHA À PARTE, DESENHE A ESCOLA EM QUE VOCÊ ESTUDA E O QUE HÁ AO REDOR DELA.

4 LEIA OS QUADRINHOS E CONVERSE COM OS COLEGAS E O PROFESSOR.

MAURICIO DE SOUSA. **CHICO BENTO**. SÃO PAULO: PANINI COMICS, N. 5. MAIO 2007. P. 18.

A) QUAL FOI A SUGESTÃO DA PROFESSORA MAROCAS?

B) O QUE VOCÊ ACHOU DA ATITUDE DAS CRIANÇAS?

ESCOLAS PARA TODOS

LEIA
TXOPAI E ITÔHÃ

NO BRASIL EXISTEM ESCOLAS MUITO DIFERENTES.

NAS ESCOLAS INDÍGENAS E **QUILOMBOLAS**, AS CRIANÇAS APRENDEM A HISTÓRIA E A CULTURA DO SEU POVO, A CALCULAR E A LER E ESCREVER. NAS ESCOLAS INDÍGENAS, AS CRIANÇAS APRENDEM A LER E ESCREVER EM LÍNGUA PORTUGUESA E NA LÍNGUA DO SEU POVO.

QUILOMBOLA: DE COMUNIDADE DE AFRODESCENDENTES FORMADA POR PESSOAS CUJOS ANTEPASSADOS RESISTIRAM À ESCRAVIDÃO NO BRASIL.

Lineu Kohatsu/Olhar Imagem

SALA DE AULA EM ESCOLA QUILOMBOLA, NO MUNICÍPIO DE ELDORADO, NO ESTADO DE SÃO PAULO, EM 2014.

NAS ESCOLAS **CAIÇARAS**, ALÉM DE APRENDER A LER, ESCREVER E CALCULAR, AS CRIANÇAS APRENDEM A PESCAR E A FAZER TRABALHOS MANUAIS PARA A PRODUÇÃO DE OBJETOS (ARTESANATO).

CAIÇARA: DE COMUNIDADES LOCALIZADAS NO LITORAL DOS ESTADOS DE SÃO PAULO, PARANÁ E RIO DE JANEIRO.

ASSIM COMO EM TODOS OS POVOS, ALÉM DE APRENDEREM NA ESCOLA, AS CRIANÇAS CAIÇARAS, INDÍGENAS E QUILOMBOLAS TAMBÉM APRENDEM COM OS ADULTOS NAS ATIVIDADES DO DIA A DIA.

Zé Zuppani/Pulsar Imagens

CRIANÇA CAIÇARA APRENDENDO COM SEU PAI A SEGURAR UM PEIXE, NO MUNICÍPIO DE GUARUJÁ, NO ESTADO DE SÃO PAULO, EM 2014.

OBSERVE AO LADO A REPRODUÇÃO DE UM CARTAZ.

Hedeson Alves/SEED/Governo do Estado do Paraná

CARTAZ ELABORADO POR ALUNOS DA ESCOLA ESTADUAL QUILOMBOLA MARIA JOANA VIEIRA, NO MUNICÍPIO DE PALMAS, NO ESTADO DO PARANÁ, EM 2013.

1 **QUEM VOCÊ ACHA QUE É A PESSOA RETRATADA NO CARTAZ? MARQUE X.**

- [ ] UMA PESSOA SEM IMPORTÂNCIA PARA A COMUNIDADE QUILOMBOLA.
- [ ] UMA PESSOA QUE REPRESENTA A COMUNIDADE QUILOMBOLA.

2 **NO CARTAZ ESTÁ ESCRITO: "NÃO SOU DESCENDENTE DE ESCRAVOS. EU DESCENDO DE SERES HUMANOS QUE FORAM ESCRAVIZADOS!". A QUEM VOCÊ ACHA QUE A PALAVRA "EU" SE REFERE?**

VAMOS FALAR SOBRE...

CONHECER OS ANTEPASSADOS

APRENDER A HISTÓRIA, A CULTURA E OS COSTUMES DOS ANTEPASSADOS DAS PESSOAS QUE VIVEM EM UM PAÍS É IMPORTANTE PARA TODOS. AO FAZER ISSO, TEMOS A POSSIBILIDADE DE VALORIZAR ESSES COSTUMES – E É IMPORTANTE QUE FAÇAMOS ISSO. PARA OS QUE VIVEM EM COMUNIDADES QUILOMBOLAS, É FUNDAMENTAL COMPREENDER SUA HISTÓRIA E VALORIZAR SEU POVO E SUAS TRADIÇÕES. A ESCRAVIDÃO ESTEVE PRESENTE NA HISTÓRIA DESSAS COMUNIDADES.

- **LEIA NOVAMENTE A FRASE DO CARTAZ ACIMA. NELA, A NOÇÃO DE SERES HUMANOS É DESTACADA. EM SUA OPINIÃO, POR QUE ISSO É FEITO? CONVERSE COM OS COLEGAS E O PROFESSOR.**

ESCOLA E CRIANÇAS COM DEFICIÊNCIA

CRIANÇAS COM ALGUMA DEFICIÊNCIA FÍSICA OU MENTAL TAMBÉM TÊM O DIREITO DE FREQUENTAR A ESCOLA.

LEIA
LILÁS

PARA RECEBER BEM E FORMAR ESSES ALUNOS, AS ESCOLAS DEVEM SER ADAPTADAS E TER PESSOAS PREPARADAS PARA AJUDÁ-LOS.

Raul Zito/Acervo do fotógrafo

ALUNA COM SÍNDROME DE DOWN NA SALA DE AULA COM COLEGAS DO PRIMEIRO ANO, EM ESCOLA NO MUNICÍPIO DE SÃO PAULO, NO ESTADO DE SÃO PAULO, EM 2013.

GENTE GRANDE TAMBÉM VAI À ESCOLA

ESCOLA É PARA TODOS. POR ISSO, TAMBÉM EXISTEM ESCOLAS QUE ENSINAM ADULTOS A LER, ESCREVER E CALCULAR, ENTRE OUTROS CONTEÚDOS.

Sergio Pedreira/Pulsar Imagens

SALA DE AULA EM ESCOLA PARA JOVENS E ADULTOS NO MUNICÍPIO DE SALVADOR, NO ESTADO DA BAHIA, EM 2017.

1 **ASSINALE O QUE CRIANÇAS COM DEFICIÊNCIA FAZEM NA ESCOLA.**

- [ ] APRENDEM.
- [ ] BRINCAM.
- [ ] DESENHAM.
- [ ] NOVOS AMIGOS.
- [ ] SEGUEM REGRAS.

2 **EM SUA OPINIÃO, QUE DIFICULDADES UM ADULTO PODE ENFRENTAR POR NÃO SABER LER NEM ESCREVER? CONVERSE COM OS COLEGAS E O PROFESSOR.**

NA ESCOLA, EM OUTRA ÉPOCA

SERÁ QUE AS ESCOLAS DE HOJE SÃO IGUAIS ÀS ESCOLAS DO PASSADO? COM A AJUDA DO PROFESSOR, LEIA O DEPOIMENTO A SEGUIR.

DEPOIMENTO DE: TADASHI IMAMURA
NASCIMENTO: 21 DE JUNHO DE 1937
LOCAL: MUNICÍPIO DE MARTINÓPOLIS, ESTADO DE SÃO PAULO

QUANDO EU ERA PEQUENO ÍAMOS DA **FAZENDA** PARA A CIDADE COM UNS GRUPOS DE MENINOS E MENINAS, A DISTÂNCIA ERA MAIS OU MENOS DE 5 **QUILÔMETROS**, PARA ASSISTIR ÀS AULAS NA ESCOLA MUNICIPAL DA CIDADE. FAZÍAMOS UM GRANDE ESFORÇO PARA CHEGAR À ESCOLA ANTES DO INÍCIO DAS AULAS, QUE ERA ÀS 8 HORAS. SE NÃO HOUVESSE FALTA DE NENHUM DOS 25 ALUNOS (MAIS OU MENOS), A PROFESSORA FICAVA MUITO ORGULHOSA. [...]

NA ÉPOCA ACHÁVAMOS MUITO BOA A DISPUTA ENTRE AS CLASSES DA ESCOLA, POIS A RIVALIDADE ERA MUITO GRANDE.

NÓS ESPERÁVAMOS A HORA DO RECREIO PARA COMER A SOPA, QUE ERA MUITO DELICIOSA, PREPARADA PELA SERVENTE DA ESCOLA.

DEPOIS DA SOPA CONTINUAVA ASSISTINDO ÀS AULAS, DEPOIS FAZÍAMOS O CAMINHO INVERSO PARA CASA.

MUSEU DA PESSOA. DISPONÍVEL EM: <www.museudapessoa.net>. ACESSO EM: ABR. 2018.

FAZENDA: GRANDE PROPRIEDADE LOCALIZADA NO CAMPO E DEDICADA ÀS PLANTAÇÕES E À CRIAÇÃO DE ANIMAIS.
QUILÔMETRO: UNIDADE DE MEDIDA EQUIVALENTE A 1000 METROS.

Jótah/Arquivo da editora

1 **RESPONDA ÀS SEGUINTES PERGUNTAS SOBRE O DEPOIMENTO QUE VOCÊ LEU.**

A) QUAL É O NOME E O SOBRENOME DA PESSOA QUE DEU O DEPOIMENTO?

B) ONDE E QUANDO ESSA PESSOA NASCEU?

C) NO DEPOIMENTO, A PESSOA FALA DE QUAL ÉPOCA DA SUA VIDA? JUSTIFIQUE SUA RESPOSTA COPIANDO UM TRECHO DO TEXTO.

2 **COMPARE A SUA ROTINA ESCOLAR COM A ROTINA DESCRITA NO DEPOIMENTO E RESPONDA ÀS QUESTÕES.**

A) COMO E COM QUEM VOCÊ VAI PARA A ESCOLA?

B) QUANTO TEMPO VOCÊ DEMORA NO TRAJETO ENTRE SUA MORADIA E A ESCOLA?

C) VOCÊ FAZ ALGUMA REFEIÇÃO NA ESCOLA? QUAL? O QUE VOCÊ COSTUMA COMER?

D) A QUE HORAS COMEÇAM SUAS AULAS?

E) A QUE HORAS TERMINAM?

3 OBSERVE AS FOTOGRAFIAS A SEGUIR.

1

Paul Fearn/Alamy/Fotoarena

ESCOLA PÚBLICA AMADEU AMARAL, NO MUNICÍPIO DE SÃO PAULO, NO ESTADO DE SÃO PAULO, EM 1929.

2

Léo Burgos/Acervo do fotógrafo

ESCOLA AMADEU AMARAL, EM 2017.

A) COMPARE AS DUAS FOTOGRAFIAS. O QUE MUDOU E O QUE PERMANECEU IGUAL?

B) QUAL DAS DUAS FOTOGRAFIAS É MAIS PRÓXIMA DA ÉPOCA DE INFÂNCIA DO SENHOR TADASHI, QUE VOCÊ CONHECEU NA LEITURA DO TEXTO DA PÁGINA 50?

TROCA DE IDEIAS

- **VOCÊ LEU NO DEPOIMENTO DO SENHOR TADASHI QUE ELE FAZIA UM GRANDE ESFORÇO PARA FREQUENTAR A ESCOLA, QUE FICAVA LONGE DE SUA MORADIA. VOCÊ TAMBÉM ENFRENTA DIFICULDADES PARA IR À ESCOLA? SE SIM, CONVERSE COM OS COLEGAS:**

  A) QUAIS SÃO SUAS DIFICULDADES?

  B) COMO FAZ PARA ENFRENTÁ-LAS?

AMPLIAR HORIZONTES

MAPA MENTAL

QUANDO CIRCULAMOS PELAS RUAS, AVENIDAS E ESTRADAS, PODEMOS OBSERVAR DIVERSOS ELEMENTOS: LOJAS, CASAS, PRÉDIOS, PARQUES, PRAÇAS, RIOS, PLANTAÇÕES, ENTRE OUTROS.

O PERCURSO DE UM LOCAL A OUTRO E OS DIFERENTES ELEMENTOS ENCONTRADOS NELE PODEM SER REPRESENTADOS EM UM MAPA MENTAL. ESSA REPRESENTAÇÃO É FEITA COM BASE NA EXPERIÊNCIA QUE UMA PESSOA TEM QUANDO VISUALIZA ELEMENTOS DE UM TRECHO DO ESPAÇO PERCORRIDO POR ELA DIVERSAS VEZES.

OBSERVE AO LADO UM MAPA MENTAL FEITO POR UMA CRIANÇA, NO QUAL ELA REPRESENTOU UM PERCURSO.

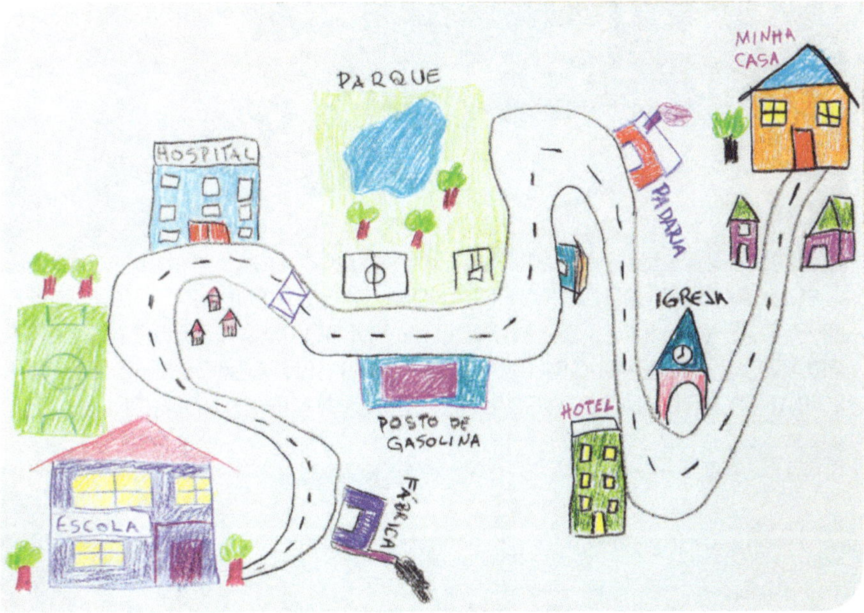

Sergio Dotta Jr./Arquivo da editora

MAPA MENTAL DE UMA CRIANÇA DE 8 ANOS.

1 **QUAL PERCURSO A CRIANÇA REPRESENTOU NO MAPA ACIMA?**

....

2 **QUAIS ELEMENTOS A CRIANÇA REPRESENTOU NESSE MAPA MENTAL?**

3 **AGORA É SUA VEZ. NUMA FOLHA À PARTE, ELABORE UM MAPA MENTAL DO PERCURSO ENTRE SUA MORADIA E A ESCOLA EM QUE ESTUDA. PENSE NOS ELEMENTOS QUE VOCÊ OBSERVA NESSE CAMINHO, COMO MORADIAS, ESCOLAS, PRAÇAS E RIOS, POR EXEMPLO.**

ESCOLAS NO MUNDO

EXISTEM ESCOLAS NO MUNDO TODO. SERÁ QUE ELAS SÃO IGUAIS À ESCOLA ONDE VOCÊ ESTUDA? VEJA ALGUNS EXEMPLOS.

Gabriel-Robez/Rex/Glow Images

A EDUCAÇÃO PÚBLICA NA FINLÂNDIA, PAÍS DA EUROPA, É CONSIDERADA UMA DAS MELHORES DO MUNDO. ALÉM DOS MATERIAIS ESCOLARES, AS CRIANÇAS RECEBEM GRATUITAMENTE ALIMENTAÇÃO, ASSISTÊNCIA MÉDICA E TRANSPORTE. NA FOTOGRAFIA, ESCOLA NA FINLÂNDIA, EM 2012.

Wolfgang Kaehler/Easypix Brasil

NO CHILE, PAÍS DA AMÉRICA DO SUL, OS ALUNOS ESTUDAM EM PERÍODO INTEGRAL. AS CRIANÇAS TÊM ALIMENTAÇÃO COMPLETA E RECEBEM O MATERIAL ESCOLAR. NA FOTOGRAFIA, ESCOLA NO CHILE, EM 2016.

fotosparrow/Shutterstock

NA RÚSSIA, OUTRO PAÍS DA EUROPA, AS AULAS DURAM SEIS HORAS POR DIA. LÁ OS ALUNOS APRENDEM MÚSICA (É UMA DISCIPLINA), PARTICIPAM DE CORAIS E APRENDEM A TOCAR A BALALAICA (INSTRUMENTO PARECIDO COM O VIOLÃO, TÍPICO DA MÚSICA RUSSA). NA FOTOGRAFIA, ESCOLA NA RÚSSIA, EM 2017.

Fadel Senna/Agência France-Press

NAS ESCOLAS DO MARROCOS, NA ÁFRICA, UMA DAS AULAS MAIS IMPORTANTES É A DE RELIGIÃO. LÁ A MAIORIA DOS ALUNOS ESTUDA APENAS EM UM PERÍODO (MANHÃ OU TARDE), ASSIM COMO NO BRASIL. NA FOTOGRAFIA, ESCOLA NO MARROCOS, EM 2016.

1 COM BASE NAS FOTOGRAFIAS E NAS LEGENDAS APRESENTADAS NESTA SEÇÃO, CONVERSE COM OS COLEGAS E O PROFESSOR SOBRE AS QUESTÕES A SEGUIR.

A) QUAIS BENEFÍCIOS OS ALUNOS RECEBEM GRATUITAMENTE NA FINLÂNDIA E NO CHILE?

B) QUE DISCIPLINAS OS TEXTOS SOBRE A RÚSSIA E O MARROCOS DESTACAM? ISSO ESTÁ RELACIONADO AO MODO DE VIDA DAS PESSOAS DESSES PAÍSES?

2 QUAIS SÃO OS BENEFÍCIOS QUE VOCÊ RECEBE NA ESCOLA ONDE ESTUDA?

VAMOS RETOMAR

1 **COM A AJUDA DO PROFESSOR, LEIA UM TRECHO DO DEPOIMENTO DE UM PROFESSOR INDÍGENA SOBRE A ESCOLA DE SUA COMUNIDADE.**

> NASCI EM UMA COMUNIDADE NO RIO SOLIMÕES [...]. SOMOS CAMBEBA, E AQUI HÁ OUTRAS TREZE FAMÍLIAS DESSA ETNIA. [...]
>
> DESENVOLVEMOS PROJETOS QUE VALORIZAM NOSSA HISTÓRIA, AS COMIDAS TÍPICAS E OS MODOS DE CAÇAR E PESCAR.
>
> TEMOS UM LABORATÓRIO DE INFORMÁTICA E USAMOS A INTERNET PARA COMPLEMENTAR NOSSO CONHECIMENTO. [...] O CONTEÚDO É APRESENTADO PRIMEIRO EM CAMBEBA E DEPOIS EM PORTUGUÊS. TODOS DA MINHA TURMA LEEM E ESCREVEM NOS DOIS IDIOMAS.
>
> DEPOIMENTO DE RAIMUNDO C. S., PROFESSOR NA ESCOLA MUNICIPAL TRÊS UNIDOS, EM MANAUS, AMAZONAS. IN: ANA LÍGIA SCACHETTI. AUTORRETRATO. **NOVA ESCOLA**, SÃO PAULO: ABRIL, N. 265, P. 34, SETEMBRO 2013.

A) OS ALUNOS DA ESCOLA INDÍGENA CITADA NO TEXTO ACIMA APRENDEM A LER E A ESCREVER EM QUAIS IDIOMAS?

....

B) EM SUA OPINIÃO, APRENDER OS DOIS IDIOMAS É IMPORTANTE PARA OS CAMBEBA?

2 **COM A AJUDA DO PROFESSOR, LEIA AS PERGUNTAS DO QUADRO E AVALIE A SUA PARTICIPAÇÃO NA COMUNIDADE ESCOLAR. ASSINALE COM X SUA RESPOSTA PARA CADA PERGUNTA.**

	SIM	NÃO
VOCÊ TRATA COLEGAS E FUNCIONÁRIOS DA ESCOLA COM RESPEITO E CONSIDERAÇÃO?		
VOCÊ COLABORA PARA A MANUTENÇÃO DA LIMPEZA DOS ESPAÇOS DA ESCOLA?		
NA SALA DE AULA, VOCÊ ESCUTA COM RESPEITO O PROFESSOR E OS COLEGAS?		
NAS CONVERSAS DURANTE A AULA, VOCÊ ESPERA A SUA VEZ DE FALAR?		

AUTOAVALIAÇÃO

VAMOS PENSAR SOBRE O QUE VOCÊ APRENDEU NESTA UNIDADE?
MARQUE COM **X** A OPÇÃO QUE MELHOR REPRESENTE SUA RESPOSTA A CADA PERGUNTA ABAIXO.

1. VOCÊ RECONHECE QUE TODAS AS CRIANÇAS TÊM O DIREITO DE FREQUENTAR UMA ESCOLA?			
2. VOCÊ RECONHECE QUE OS GOVERNANTES TÊM O DEVER DE CONSTRUIR E MANTER ESCOLAS?			
3. VOCÊ SABE O QUE É UMA ESCOLA PÚBLICA E UMA ESCOLA PARTICULAR?			
4. VOCÊ RECONHECE QUE EXISTEM DIFERENTES ESCOLAS?			
5. VOCÊ RECONHECE QUE MUITOS ADULTOS TAMBÉM VÃO À ESCOLA?			
6. VOCÊ SABE ELABORAR UMA REPRESENTAÇÃO (MAPA MENTAL) DO PERCURSO ENTRE A MORADIA E A ESCOLA?			

SUGESTÕES

PARA LER

Reprodução/Cosac Naify

- **LILÁS**, DE MARY E. WHITCOMB. SÃO PAULO: COSAC NAIFY, 2009.

  ERA UMA VEZ UMA GAROTA DIFERENTE, QUE NO COMEÇO DAS AULAS FOI MALTRATADA POR SEUS COLEGAS DA ESCOLA. MAS ESSA HISTÓRIA NÃO ACABA ASSIM. LEIA E DESCUBRA QUE TER COLEGAS DIFERENTES É LEGAL.

Reprodução/Formato

- **TXOPAI E ITÔHÃ**, DE KANÁTYO PATAXÓ. SÃO PAULO: FORMATO, 2007.

  NESTE LIVRO VOCÊ VAI CONHECER UM MITO DO POVO INDÍGENA PATAXÓ. O LIVRO FOI ESCRITO E ILUSTRADO PELO PROFESSOR KANÁTYO PARA OS ALUNOS DA ESCOLA DA ALDEIA EM CARMÉSIA, NO ESTADO DE MINAS GERAIS.

UNIDADE

4 O espaço escolar

Nesta unidade você vai:

- Identificar os profissionais que trabalham na escola e reconhecer sua importância.
- Reconhecer as dependências da escola.
- Refletir sobre os cuidados que devemos ter com a escola.
- Identificar e elaborar uma maquete.
- Elaborar uma representação plana da sala de aula.
- Reconhecer as semelhanças e as diferenças entre uma maquete e uma representação plana.

1. Que espaços da escola estão retratados nas fotografias?

2. Quais profissionais trabalham nos espaços que aparecem nas fotografias?

3. Que outros profissionais trabalham na escola?

4. Em sua opinião, quem são as pessoas responsáveis pela conservação da escola?

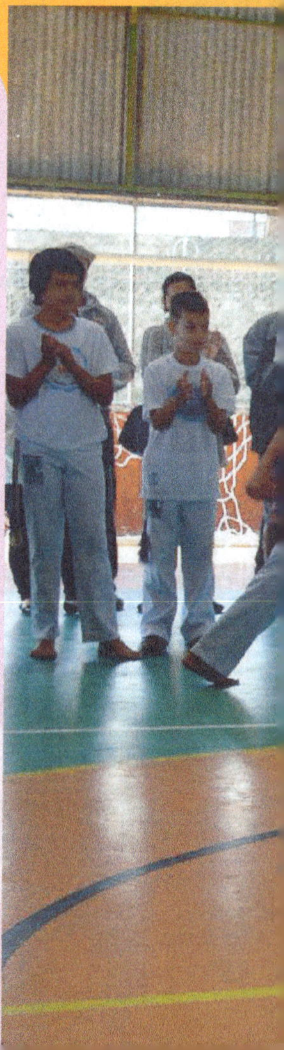

1. Escola pública no município de Dourados, no estado de Mato Grosso do Sul, em 2017.
2. Escola pública no município de Pinhais, no estado do Paraná, em 2017.

1

Chico Leite/Prefeitura Municipal de Dourados

2

Prefeitura Municipal de Pinhais

Quem trabalha na escola

No depoimento da página 50, o senhor Tadashi cita duas pessoas que trabalhavam na escola onde ele estudou. Você se lembra quais são?

1 Complete a frase abaixo com as palavras do depoimento de Tadashi.

A .... e a .... eram funcionárias da escola em que Tadashi estudava.

Para que uma escola funcione bem, é necessário o trabalho de diversos profissionais. Cada um exerce uma função e trabalha em um local específico da escola.

2 Observe as fotografias e leia as legendas. Depois, complete os quadrinhos com o nome dos profissionais retratados. Use as palavras do quadro abaixo.

merendeiro	faxineira	diretora	professora

Amarildo Oliveira/Tucupi Imagens

Essa profissional coordena a escola, cuidando para que o processo educativo garanta uma boa formação dos alunos.

Fernando Favoretto/Criar Imagem

Esse profissional prepara e serve a alimentação dos alunos. Também cuida da higiene dos utensílios utilizados na cozinha.

Candido Neto/Olhar Imagem

Essa profissional realiza muitas atividades, como planejar as aulas e orientar e avaliar os alunos.

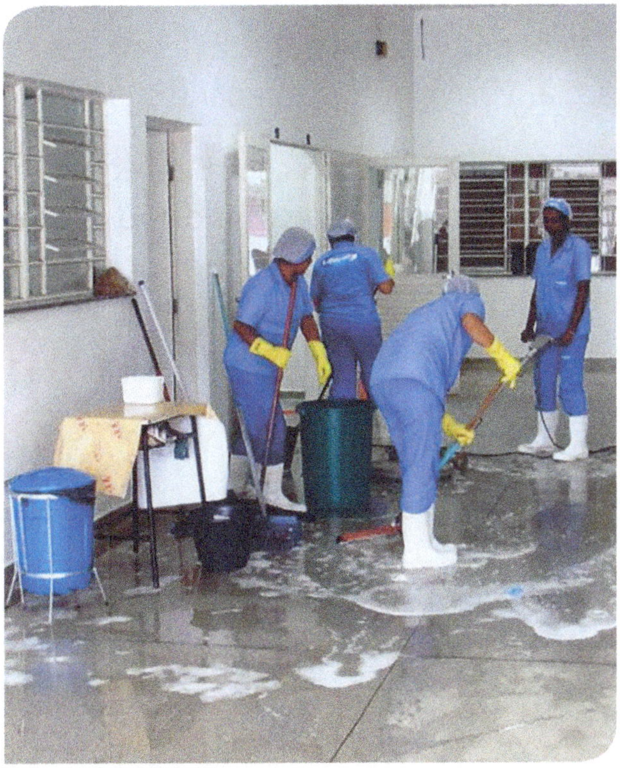

Prefeitura Municipal de Louveira

Essas profissionais são responsáveis por manter as dependências da escola limpas e organizadas.

Além desses, outros profissionais auxiliam nas diversas atividades que realizamos na escola: o porteiro, o coordenador pedagógico, o vice-diretor, entre outros.

Todos os profissionais são essenciais para o bom funcionamento da escola. Por isso, é importante respeitar o trabalho de cada um deles.

Saída de observação: Os profissionais da escola onde estudo

Objetivo: Conhecer os profissionais que trabalham na escola onde você estuda.

Material necessário: Caderno e lápis.

Planejamento: Combine com o professor uma data e o percurso a ser feito na escola. Durante a saída, observe e converse com os profissionais. Anote o nome, o cargo e as atividades que cada um deles realiza.

Para finalizar: De volta à sala de aula, com os colegas, organize em um quadro as informações obtidas na atividade, com a orientação do professor.

As dependências da escola

Os profissionais que você conheceu trabalham nas diferentes dependências da escola. Você e outros estudantes também utilizam vários desses espaços.

1 **Observe a ilustração. Ela representa uma escola vista de cima para baixo. Escreva nos espaços indicados o número de cada dependência da escola, de acordo com as informações do quadro abaixo.**

1 – sala dos professores	2 – banheiro	3 – sala de informática
4 – pátio	5 – quadra	6 – sala de aula

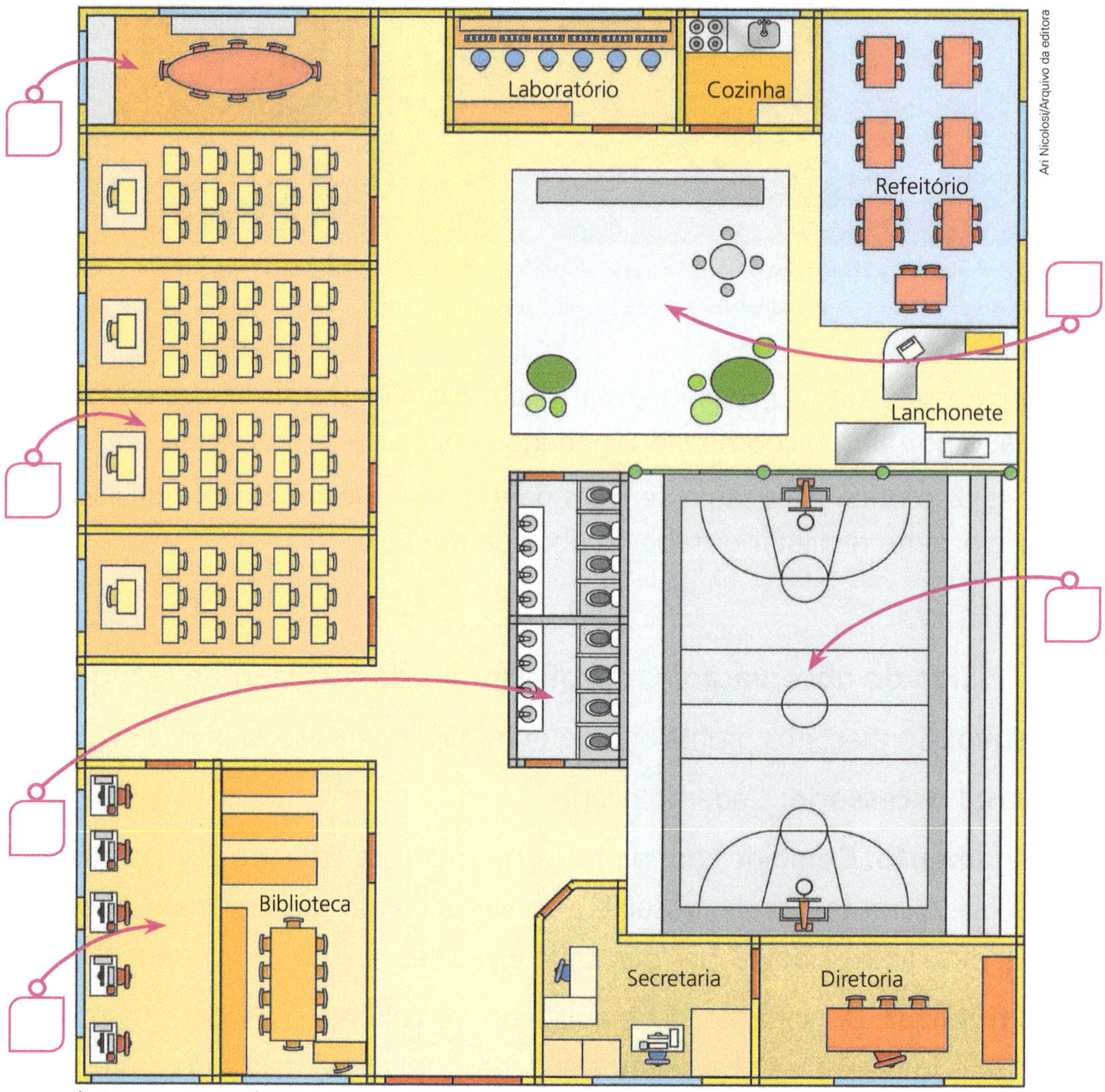

Ari Nicolosi/Arquivo da editora

Ilustração sem escala.

2 Cite três dependências da ilustração da página anterior que existem na sua escola. Depois escreva o que você faz em cada uma delas.

....

....

....

3 Na escola em que você estuda existem dependências que não aparecem nessa ilustração? Quais?

....

....

....

4 Observe a sala de aula em que você estuda e responda às questões.

a) Quantos alunos há na sua turma? ☐

b) Quantas carteiras há na sala de aula? ☐

c) Além de carteiras, que outros móveis há?

....

....

....

d) Quantas portas e janelas há na sala de aula?

☐ portas ☐ janelas

e) Você ouve com clareza o professor e enxerga bem a lousa? Assinale com **X**.

☐ Sim. ☐ Não.

f) Em sua opinião, a sala de aula está bem organizada? Será que ela ficaria melhor para todos se fosse organizada de outra maneira? Qual?

Cada escola é de um jeito

Na unidade 3 você viu que há diferentes tipos de escola. Elas podem estar localizadas no campo ou na cidade, podem ser públicas ou particulares.

As dependências e os equipamentos das escolas também podem ser diferentes. Observe as fotografias.

1

Luciana Whitaker/Pulsar Imagens

Sala de aula com lousa de giz em escola no município de Além Paraíba, no estado de Minas Gerais, em 2014.

2

Secom/Governo do Estado de Mato Grosso do Sul

Sala de aula com lousa digital em escola no município de Dourados, no estado de Mato Grosso do Sul, em 2017.

1 **O que você observa nas duas fotografias?**

....

....

....

2 **Que objeto está sendo usado para escrever em cada lousa?**

....

....

Como você pode ver, a lousa da sala de aula pode ser feita de diferentes materiais, assim como outros equipamentos e móveis escolares.

Assim, apesar de possuírem a mesma função, ou seja, de serem usadas para fazer a mesma coisa (escrever, desenhar e registrar o conteúdo da aula), as lousas podem ter características diferentes.

Cuidados com a escola

Para que os alunos possam aprender e se desenvolver, e para que os profissionais da escola possam realizar seu trabalho com qualidade, é importante que a escola ofereça um ambiente seguro e adequado às necessidades das pessoas que nela estudam e trabalham.

Leia

Tio Pepe, o professor de música

Assim, é preciso que a escola esteja sempre limpa e que tenha os recursos necessários ao aprendizado, como lousa, móveis, livros, entre outros. Também é preciso que o prédio, os móveis e outros objetos sejam bem cuidados.

E quem é responsável pelos cuidados com a escola?

Os governantes, no caso das escolas públicas, e os donos, no caso das escolas particulares, são os responsáveis pela manutenção da escola. Mas não apenas eles. Todos os que participam da comunidade escolar – alunos, professores e outros profissionais – devem cuidar da limpeza, da organização e da manutenção da escola.

1 **Circule na ilustração abaixo as atitudes que não contribuem para a conservação da escola. Depois, converse com os colegas e o professor sobre as consequências de cada atitude.**

Hagaquezart Estúdio/Arquivo da editora

Saída de observação: Verificação da escola

Objetivo: Verificar o estado de conservação da escola onde você estuda.

Material necessário: Livro e lápis.

Planejamento: Combine com o professor uma data e o percurso a ser feito na escola.

Durante a saída: Siga o roteiro abaixo e preencha o quadro com suas observações.

Como está a pintura do prédio da escola?	
O prédio tem rachaduras? Se tiver, onde?	
Os banheiros estão limpos?	
Os móveis estão bem conservados?	
As lousas estão bem conservadas?	
As salas de aula são bem iluminadas e ventiladas?	
Há equipamentos eletrônicos? Se sim, eles estão funcionando?	

Para finalizar: De volta à sala de aula, compare suas observações com as dos colegas.

Troca de ideias

1. Do que você gosta e o que prefere manter do jeito que está na escola onde estuda?

2. O que não está bem conservado ou funcionando direito na escola onde você estuda e você gostaria que melhorasse? Como é possível fazer isso?

Eu, você e todos juntos

Você viu que todos são responsáveis pela conservação do espaço escolar. Mas será que os alunos sempre colaboram?

Acesse
Volta às aulas

Observe a fotografia.

Paulo Ochandio/Arquivo da editora

Sala de aula de escola do município de Sorocaba, no estado de São Paulo, em 2018.

1 **Quais problemas você observa na conservação da sala de aula mostrada na fotografia?**

....

....

....

....

....

2 **Marque com X a sua opinião.**

a) Todos devem ter uma atitude de responsabilidade pela conservação das dependências da escola.

☐ Certo. ☐ Errado.

b) Os alunos não são responsáveis pela organização e conservação das dependências da escola.

☐ Certo. ☐ Errado.

Vamos falar sobre...

Conservação da escola – dever de todos

Você já aprendeu que todos que participam da comunidade escolar devem cuidar da conservação dela. Agora, pense nas suas atitudes em relação à conservação da escola onde estuda.

1. **O que você já faz para contribuir para a conservação da escola?**
2. **O que você poderia fazer para contribuir para a conservação da escola?**

Representar o mundo

Representações da sala de aula

1 Observe as fotografias de uma maquete de sala de aula.

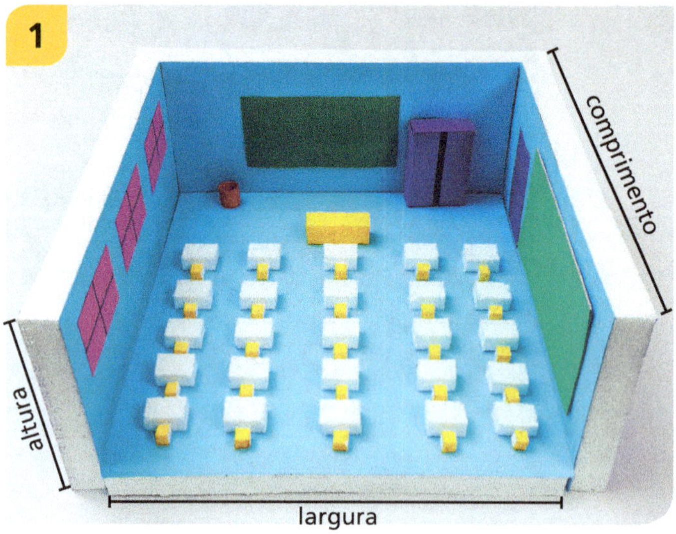

a) Escreva o número de carteiras representadas acima:

- em cada fileira que acompanha o sentido do comprimento da sala de aula: ....
- em cada fileira que acompanha a largura da sala de aula: ....
- no total: ....

b) Complete as frases abaixo com as palavras **esquerdo** ou **direito**.

As janelas ficam do lado .... de quem observa as fotografias. E a porta fica do lado ....

2 **A fotografia 1 mostra a sala de aula:**

☐ de cima para baixo. ☐ de cima e de lado.

3 **A fotografia 2 mostra a sala de aula:**

☐ de cima para baixo. ☐ de cima e de lado.

Observe outra representação dessa mesma sala de aula.

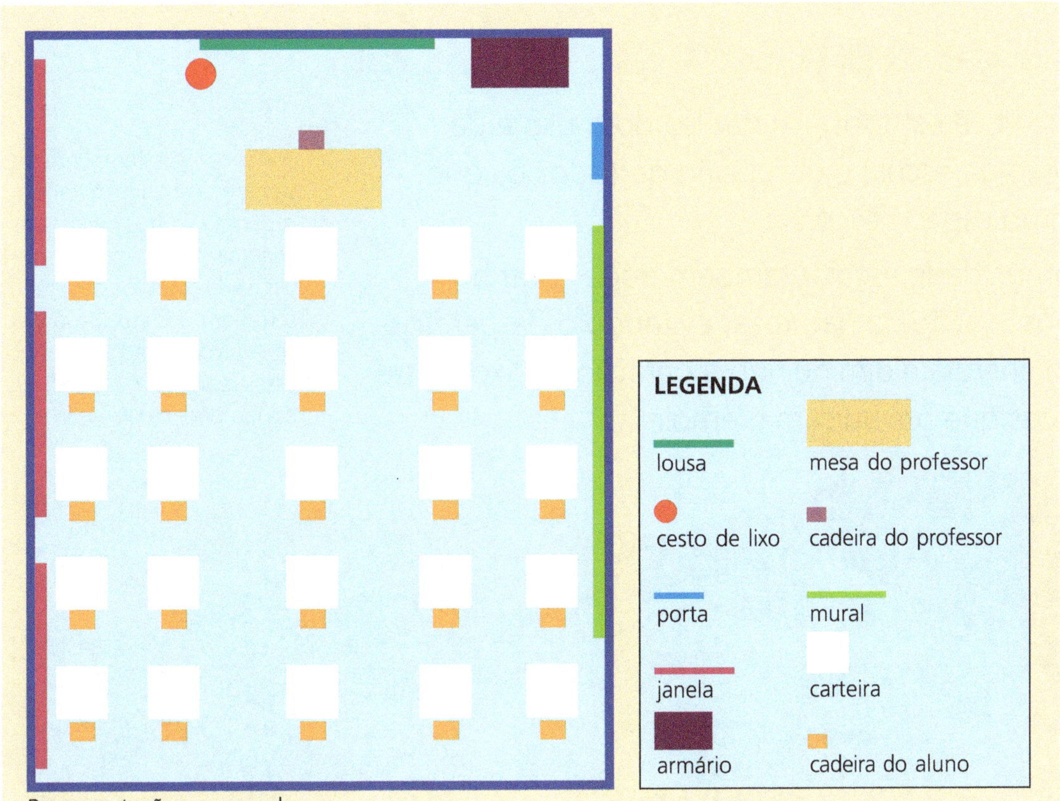

Representação sem escala.

4 **Compare a representação acima com a maquete na fotografia 2 da página anterior. O que elas têm de semelhante? E de diferente?**

Assim como a maquete, a figura acima é uma representação reduzida da sala de aula. No entanto, diferentemente da maquete, nela os elementos são representados de forma plana. Para identificar esses elementos, foi feita uma legenda, que apresenta o significado de cada símbolo utilizado.

5 **Agora, você e os colegas vão elaborar a maquete da sala de aula onde estudam. Para isso, usem caixa de papelão ou placa de isopor, que será o chão e as paredes da sala. Os móveis (carteiras, mesa do professor, cadeiras, armários) e os demais objetos podem ser representados com sucata.**

6 **Com base na maquete que vocês fizeram, elaborem uma representação da sala de aula no plano, em uma folha de papel sulfite. Lembrem-se de fazer uma legenda para ela, com os elementos representados.**

Conectando saberes

Escola de bem com a natureza

Como você estudou, cuidar do bom uso e da conservação da escola é obrigação de todos os que convivem no espaço escolar.

A comunidade escolar também pode contribuir para a conservação da natureza, evitando o desperdício de água e energia e diminuindo a geração de lixo, entre outras ações que prejudicam o ambiente.

composteira: recipiente onde são armazenados materiais orgânicos (restos de alimento, vegetais não utilizados, folhas). Uma vez cobertos com terra ou serragem, e com a ação de alguns seres vivos, como as minhocas, esses resíduos se transformam em adubo para o cultivo de vegetais.

Ilustração sem escala.
Elaborada pelos autores.

Hagaquezart Estúdio/Arquivo da editora

1 Circule na ilustração atitudes importantes para a conservação da natureza:

- Aproveitar a luz do dia.
- Apagar a luz ao sair de uma dependência.
- Fechar a torneira ao ensaboar as mãos e escovar os dentes.
- Aproveitar a água da chuva.
- Consertar vazamentos.
- Fazer o descarte do lixo de maneira adequada.
- Reaproveitar materiais que seriam jogados fora.
- Aproveitar o material orgânico.

2 Quais dessas ações você pratica na escola onde estuda? Quais poderia passar a praticar?

Vamos retomar

1 Observe as fotografias.

João Prudente/Pulsar Imagens

Escola pública no município de Campinas, no estado de São Paulo, em 2017.

Delfim Martins/Pulsar Imagens

Escola pública no município de Juazeiro do Norte, no estado do Ceará, em 2015.

a) Que diferenças você observa em relação ao estado de conservação das escolas retratadas?

....

....

....

b) Quem são os responsáveis pelo estado de conservação dessas escolas? Converse com os colegas e o professor.

2 **Sentado em sua carteira, observe em que posição (na frente, atrás, do lado esquerdo ou do lado direito) estão os seguintes objetos em relação a você.**

Lousa	Porta	Janela	Cesto de lixo
....	....	....	....

Autoavaliação

Vamos pensar sobre o que você aprendeu nesta unidade?
Marque com **X** a opção que melhor represente sua resposta a cada pergunta abaixo.

1. Você identifica os profissionais que trabalham na escola e reconhece a importância deles?			
2. Você reconhece quais são as dependências da escola?			
3. Você reconhece os cuidados que devemos ter com a escola?			
4. Você consegue identificar e elaborar uma maquete?			
5. Você consegue elaborar uma representação plana da sala de aula?			
6. Você reconhece as semelhanças e as diferenças entre uma maquete e uma representação plana?			

Sugestões

Para ler

Reprodução/Formato

- **Tio Pepe, o professor de música,** de Tânia Ricci. São Paulo: Formato, 2012.

  Tio Pepe é um professor que entra na sala de aula às vezes tocando o sovaco, às vezes tocando tambor para chamar chuva. Mas a lição mais importante que ele dá aos alunos é ouvir sempre o coração, em tudo o que fazemos.

Para acessar

- **Volta às aulas.** Disponível em: <www.xalingo.com.br/clubinho/jogos/volta-as-aulas?utm_source=Escola%20Games&utm_medium=ListaJogos&utm_campaign=Volta%20as%20aulas>. Acesso em: abr. 2018.

  Nesse jogo virtual, você descobre que a escola, além de ser um lugar de aprendizado, pode ser muito divertida.

UNIDADE

5 Campo e cidade

Nesta unidade você vai:

- Identificar características do campo e da cidade.
- Reconhecer a importância da água e do solo para as atividades humanas.
- Comparar e valorizar diferentes costumes e tradições.
- Reconhecer a história das migrações no lugar onde vive.

1. O que você observa nas fotografias?
2. As fotografias retratam o campo ou a cidade? Explique sua resposta.
3. Você observa a presença de solo e de água nas fotografias? Dê exemplos de onde esses elementos estão presentes nos locais retratados.

1. Vista aérea de plantação de manga no município de Sobradinho, no estado da Bahia, em 2014.
2. Vista aérea do Parque da Lagoa Grande no município de Feira de Santana, no estado da Bahia, em 2017.

Leo Caldas/Pulsar Imagens

1

2

Rubens Chaves/Pulsar Imagens

Agricultura, pecuária e extrativismo

Leia

Do campo à mesa: o caminho dos alimentos

Os seres humanos desenvolvem várias atividades. Algumas delas são praticadas no campo, onde há extensas áreas para o cultivo de vegetais (agricultura), a criação de animais (pecuária) e a extração de vegetais, animais e minerais (extrativismo). Veja alguns exemplos.

Cesar Diniz/Pulsar Imagens

Eucaliptos sendo retirados de área de cultivo no município de Lavrinhas, no estado de São Paulo, em 2017.

Zé Martinusso/Opção Brasil Imagens

Criação de vacas para obtenção de leite no município de Igrejinha, no estado do Rio Grande do Sul, em 2015.

Andre Dib/Pulsar Imagens

Pesca no município de Maraã, no estado do Amazonas, em 2014.

Chico Ferreira/Pulsar Imagens

Extração de areia no município de Altamira, no estado do Pará, em 2017.

O que é produzido ou extraído nas atividades do campo pode ser transformado em vários outros produtos. Essa transformação ocorre sobretudo na indústria.

1 **Que produtos você conhece ou utiliza que são feitos a partir:**

a) do eucalipto? b) do leite? c) da areia?

2 **Onde o eucalipto, o leite e a areia são transformados nos produtos que você mencionou na questão anterior?**

Atividade industrial

Os produtos do campo podem ser consumidos diretamente pelas pessoas, mas também podem ser transformados em outros produtos. O eucalipto pode ser utilizado na fabricação de papel, perfumes e produtos de limpeza; o leite pode ser transformado em queijo, manteiga e iogurte; a areia é utilizada na fabricação de vidro e ladrilhos, entre outros produtos.

Essa transformação ocorre nas indústrias, que geralmente se localizam nas cidades. Veja um exemplo da transformação que ocorre na indústria.

Ernesto Reghran/Pulsar Imagens

Depois de cortado, o eucalipto é limpo e triturado em pequenos pedaços, como é possível observar na fotografia. Município de Ponta Grossa, estado do Paraná, em 2017.

Amanda Oliveira/Governo do Estado da Bahia

Na indústria, os pedaços do eucalipto são cozidos e transformados em uma pasta, chamada de polpa de celulose. Essa pasta é seca e transformada em placas, que servirão para produzir diferentes tipos de papel. Fotografia de indústria de papel no município de Mucuri, no estado da Bahia, em 2017.

1 **Pense em uma indústria que exista no lugar onde você mora.**

a) O que ela produz?

....

b) Qual é o principal material usado para a fabricação desse produto?

....

c) Esse material vem:

☐ da agricultura. ☐ da pecuária. ☐ do extrativismo.

A importância da água e do solo

Observe novamente as fotografias das páginas 76 e 77. Qual é a importância da água e do solo para as atividades retratadas?

O solo e a água são fundamentais nas atividades do campo e da cidade. Mas as atividades humanas podem prejudicar a qualidade da água e do solo.

Muitos agricultores utilizam máquinas nas plantações. Com o tempo, isso provoca o desgaste do solo, que fica impróprio para novos cultivos. Os agricultores também costumam utilizar produtos químicos (agrotóxicos) para evitar doenças nas plantas. Se esses produtos atingem os rios, suas águas ficam poluídas e impróprias para o consumo de pessoas e animais. Veja as fotografias.

Gerson Gerloff/Pulsar Imagens

Solo degradado no município de Manoel Viana, no estado do Rio Grande do Sul, em 2016.

Cesar Diniz/Pulsar Imagens

Trabalhador aplicando agrotóxico em plantação de milho no município de Riacho de Santana, no estado da Bahia, em 2014.

Vamos falar sobre...

A importância da água

Além de essencial para as atividades do campo e da cidade, a água é fundamental para matar a sede, fazer a higiene pessoal, preparar alimentos, entre outras atividades. Ou seja, sem água, não vivemos. Por isso, é importante manter a qualidade da água e garantir que ela seja utilizada sem desperdício.

- **Converse com os colegas e o professor sobre situações em que há desperdício de água no lugar onde você vive. O que poderia ser feito para evitar esse problema?**

Costumes e tradições

Além de realizar diversas atividades de trabalho, as pessoas que vivem no campo e na cidade possuem diferentes costumes e tradições. Observe as fotografias.

Leia
Jeca, o tatu

Reprodução/Prefeitura Municipal de Urussanga

A festa da uva é muito comum nos estados de Santa Catarina e do Rio Grande do Sul. Nela comemora-se a época da colheita, uma tradição de povos que vieram de outros países, como a Itália, para viver no Brasil. Na fotografia, festa da uva no município de Urussanga, no estado de Santa Catarina, em 2015.

Carlos Sodré/Agência Pará

O ritmo do carimbó tem origem indígena e sofreu influência dos africanos e dos portugueses. Atualmente, o carimbó faz parte da tradição da população do estado do Pará. Na fotografia, dança do carimbó no município de Belém, no estado do Pará, em 2014.

Ismar Ingber/Pulsar Imagens

Baião de dois é um prato típico de alguns estados da região Nordeste do Brasil. O nome "baião" é uma referência à dança e ao ritmo musical típicos desses estados. O prato é preparado com feijão--de-corda e arroz, entre outros ingredientes.

Patrick Grosner/Folhapress

Arroz com pequi é um prato muito comum no estado de Goiás. Um dos ingredientes desse prato é o pequi, fruto típico desse estado brasileiro.

1 Cite uma festa e um prato típico do lugar onde você vive.

2 Em sua opinião, é importante respeitar os diferentes costumes e tradições? Por quê?

Conectando saberes

Um lugar único, com muita gente diferente

> **Leia**
> **Coleção Imigrantes do Brasil**

Se você observar o lugar onde mora, perceberá que ele é formado por pessoas muito diferentes. Todas, porém, de alguma forma se identificam com esse lugar, que chamam de seu. Assim costuma ser com nossa rua, nosso bairro, nossa cidade.

No bairro do Bom Retiro, na cidade de São Paulo (estado de São Paulo), por exemplo, moram e trabalham atualmente pessoas que vieram de várias partes do Brasil e do mundo, em diferentes épocas e por motivos variados. Cada uma com seus costumes, jeitos e sonhos.

Conheça um pouco da história desse bairro e de alguns de seus moradores.

Daniel Cymbalista/Acervo da Editora

Rua dos Italianos no Bom Retiro, em 2017. Essa rua recebeu esse nome por causa da presença desses imigrantes.

Os italianos foram os primeiros **imigrantes** a chegar ao Bom Retiro, em 1870. Nele fundaram vilas de operários, que trabalhavam nas fábricas do bairro. Atualmente, alguns descendentes de imigrantes italianos ainda moram no Bom Retiro.

> **imigrante:** pessoa que deixa seu país de origem para viver em outro.

Por volta de 1910, mudaram-se para o Bom Retiro muitos judeus que vieram de diversos países, como Rússia e Polônia. Eles iniciaram o comércio no bairro.

Alf Ribeiro/Folhapress

O Memorial da Imigração Judaica é um exemplo da influência dos judeus no Bom Retiro. Fotografia de 2017.

Elizabeth Paik/Futura Press

A partir dos anos 1960, muitos sul-coreanos se instalaram no Bom Retiro, trabalhando inicialmente como empregados das lojas. Com o tempo, muitos deles tornaram-se proprietários delas. Atualmente, a presença e a influência de sul-coreanos no bairro são marcantes.

11º Festival de Cultura Coreana, no bairro do Bom Retiro, em 2017.

A partir da década de 1990, muitos bolivianos passaram a trabalhar como costureiros no Bom Retiro e a morar no bairro ou próximo a ele. Acrescentaram, assim, novos elementos à mistura cultural dos povos no bairro.

Marcia Minillo/Olhar Imagem

Carnaval de imigrantes bolivianos no Pari, bairro vizinho ao Bom Retiro, em 2013.

1 **Procure saber se, no lugar onde se localiza a escola em que você estuda, há pessoas ou descendentes de pessoas que vieram de outros locais. Escreva no caderno:**

a) de onde a pessoa veio;

b) quando se mudou para o lugar e por quê;

c) que costumes do local onde nasceu ela trouxe para o lugar onde vive hoje;

d) do que ela mais gosta no lugar onde vive;

e) o que ela gostaria de mudar nele.

2 **Converse com os colegas e o professor: É possível pessoas com costumes tão diferentes conviverem bem? Explique.**

Vamos retomar

1 Observe as fotografias a seguir.

1

Rubens Chaves/Pulsar Imagens

Extração de minério de ferro no município de Itabirito, no estado de Minas Gerais, em 2016.

2

Rubens Chaves/Pulsar Imagens

Tanque onde o minério de ferro é misturado com água e outras substâncias até virar um composto. Município de Belo Vale, no estado de Minas Gerais, em 2016.

3

Perícia - Ministério Público Federal/MG

Dutos por onde o minério de ferro que foi transformado em composto percorre vários quilômetros até chegar às indústrias. Município de Conceição do Mato Dentro, no estado de Minas Gerais, em 2017.

4

Sérgio Bernardo/JC Imagem/Folhapress

Indústria onde se utilizam chapas metálicas, feitas de minério de ferro, para a produção de veículos. Município de Goiana, no estado de Pernambuco, em 2015.

a) Onde as atividades acima ocorrem: no campo ou na cidade? Relacione as colunas.

Fotografia 1
Fotografia 2
Fotografia 3
Fotografia 4

Campo

Cidade

b) Quais impactos ambientais você observa na fotografia 1?

....

....

Autoavaliação

Vamos pensar sobre o que você aprendeu nesta unidade?
Marque com **X** a opção que melhor represente sua resposta a cada pergunta abaixo.

1. Você consegue identificar características do campo e da cidade?			
2. Você reconhece a importância da água e do solo para as atividades humanas?			
3. Você consegue comparar e valorizar diferentes costumes e tradições?			
4. Você reconhece a história das migrações no lugar onde vive?			

Sugestões

Para ler

- **Coleção Imigrantes do Brasil**, Editora Panda Books.
  O Brasil é um país formado por diferentes povos, entre eles diversos imigrantes, que trouxeram muito da cultura de seus países. Nesta coleção, você vai conhecer a história de crianças cujos avós vieram de diferentes países, como Portugal, Itália, Japão e Espanha.

Reprodução/Panda Books

- **Do campo à mesa: o caminho dos alimentos,** de Teddy Chu. São Paulo: Moderna, 2012.
  Neste livro você vai descobrir a origem dos alimentos que consome e os diversos trabalhadores envolvidos em sua produção.

Reprodução/Editora Moderna

- **Jeca, o tatu**, de Ana Maria Machado. São Paulo: Ática, 2012.
  Você vai conhecer Jeca, o tatu que nunca tinha histórias para contar até que conheceu a cidade e várias coisas diferentes. Agora, na mata, todos querem conhecer as histórias dele.

Reprodução/Ática

UNIDADE

6 Ruas, praças e parques

Nesta unidade você vai:

- Reconhecer que as ruas, as praças e os parques são espaços de convivência, trabalho, manifestação e lazer.
- Identificar diferentes tipos de rua.
- Reconhecer a importância das atividades ao ar livre para a saúde.
- Reconhecer a importância de ruas bem conservadas para a circulação de pessoas.

1. O que você observa em cada fotografia?

2. No lugar onde você vive há espaços como os retratados nas fotografias?

3. Você e sua família frequentam esses espaços? O que costumam fazer neles?

1. Rua no município de Juazeiro do Norte, no estado do Ceará, em 2015.
2. Parque no município de Porto Alegre, no estado do Rio Grande do Sul, em 2016.

1

Delfim Martins/Pulsar Imagens

2

Luciana Whitaker/Pulsar Imagens

Espaço de todos

As pessoas circulam pelas ruas para ir ao trabalho, à escola, ao médico, a lojas e a muitos outros locais. Também circulam pelas ruas vários tipos de veículo, que transportam pessoas e mercadorias. Por isso, as ruas são chamadas de **vias de circulação**.

As ruas também são importantes espaços para festas e outros tipos de manifestação. Observe as fotografias.

1

Sergio Pedreira/Pulsar Imagens

Circulação de pessoas e veículos em rua no município de Feira de Santana, no estado da Bahia, em 2016.

2

Juca Martins/Olhar Imagem

Carnaval de rua no município de São Paulo, no estado de São Paulo, em 2014.

3

Sergio Amaral/Olhar Imagem

Manifestação em Brasília, no Distrito Federal, em 2015.

Algumas ruas – além de praças e parques – são utilizadas para o lazer e para a prática de esportes.

Leia
Tem de tudo nesta rua...

Elas são ainda o local de trabalho de diversas pessoas, como jornaleiros, carteiros, **garis**, motoristas, catadores de papel, lixeiros, feirantes e **vendedores ambulantes**.

Luciana Whitaker/Pulsar Imagens

gari: trabalhador responsável pela limpeza das ruas.
vendedor ambulante: trabalhador que vende produtos em ruas, praças e parques, em muitos casos sem se fixar em um local.

Vendedor ambulante em praça do município de Juiz de Fora, no estado de Minas Gerais, em 2014.

Cassandra Cury/Pulsar Imagens

Pessoas praticando esportes no Parque das Nações Indígenas, no município de Campo Grande, no estado de Mato Grosso do Sul, em 2016.

1 Além das ruas, que outras vias de circulação você conhece?

....

....

2 No lugar onde você mora as ruas são utilizadas para atividades como as retratadas nas fotografias 1 a 5? Que outros usos você e seus familiares fazem delas? Conte aos colegas e ao professor.

3 Observe agora esta outra fotografia e leia a legenda.

Ana Rayssa/Esp. CB/D.A Press

Rua com buracos em Brasília, no Distrito Federal, em 2015.

- Em sua opinião, a rua retratada na fotografia oferece boas condições para as pessoas circularem? Por quê?

Saída de observação: As ruas do entorno da escola

Objetivo: Observar como são as ruas no entorno da escola onde você estuda.

Material necessário: Livro e lápis.

Planejamento: Combine com o professor o dia e o percurso a ser feito nos arredores da escola onde você estuda.

Durante a saída de observação: Siga o roteiro abaixo e complete o quadro.

As ruas são asfaltadas?	....
Há buracos e outros problemas que prejudiquem o deslocamento dos veículos?	....
As calçadas têm pisos adequados para as pessoas andarem com segurança?	....
Há rampas para cadeirantes, idosos e pessoas com alguma dificuldade para se locomover?	....
Há pessoas trabalhando na rua? Quais trabalhos realizam?	....
Há muitos ou poucos veículos transitando nas ruas?	....

Para finalizar: De volta à sala de aula, compare suas observações com as dos colegas.

Ruas de diferentes tipos

No dia a dia percorremos caminhos diferentes para ir da moradia à escola, ao mercado, ao hospital e a tantos outros locais. Nas vias de circulação por onde passamos, podemos observar diversos elementos, como automóveis, pedestres, postes de iluminação, sinalização de trânsito, construções e árvores.

Leia
Ruas, quantas ruas!

Apesar de terem a mesma função, as vias de circulação podem ser muito diferentes umas das outras. Observe as fotografias.

Maurício Simonetti/Pulsar Imagens

Avenida no município de Palmas, no estado do Tocantins, em 2015.

Daniel Cymbalista/Pulsar Imagens

Rua no município de Botelhos, no estado de Minas Gerais, em 2017.

Há ruas que são largas; outras, estreitas. As ruas podem ser asfaltadas, de terra ou cobertas por pedras. Também podem ter grande movimentação de veículos e pessoas ou podem ser tranquilas. Algumas são cheias de árvores, outras não. Observe.

Gerson Gerloff/Pulsar Imagens

Rua de terra no município de São Francisco de Paula, no estado do Rio Grande do Sul, em 2017.

As vias de circulação também se diferenciam pelos tipos de construção (lojas, escritórios, indústrias, moradias) que predominam em alguns trechos ou em toda a sua extensão. Observe a fotografia a seguir.

Cesar Diniz/Pulsar Imagens

Rua com comércio no município de Maravilha, no estado de Santa Catarina, em 2015.

1 Observe as fotografias a seguir.

1

Daniel Cymbalista/Pulsar Imagens

Rua com comércio no município de Poços de Caldas, no estado de Minas Gerais, em 2017.

2

João Prudente/Pulsar Imagens

Rua com moradias no município de Cajuri, no estado de Minas Gerais, em 2013.

a) Assinale com **X** os elementos que você observa nas ruas retratadas.

- calçada 1 ☐ 2 ☐
- moradias 1 ☐ 2 ☐
- pedestres 1 ☐ 2 ☐
- comércio e serviços 1 ☐ 2 ☐
- automóveis 1 ☐ 2 ☐
- sinais de trânsito 1 ☐ 2 ☐

b) Você observou nas fotografias acima outros elementos além dos assinalados? Quais?

....

....

c) Agora, faça em uma folha à parte um desenho da rua em que você mora e do que existe nela (moradias, comércio, praça, árvores). Depois, compare seu desenho com o dos colegas e verifique as semelhanças e as diferenças entre eles.

Praças e parques

Além das ruas e de outras vias de circulação, as praças e os parques são espaços onde as pessoas se encontram, convivem e realizam diferentes atividades, como lazer, esporte e trabalho. Observe a fotografia.

Gabriel Santos/Tyba

Parque no município do Rio de Janeiro, no estado do Rio de Janeiro, em 2016.

1 O que você observa na fotografia?

....

....

....

2 Há praças ou parques no lugar onde você vive? Se houver, eles se parecem com o parque da fotografia? Cite semelhanças e diferenças.

Troca de ideias

1. Você acha que praças e parques são importantes? Por quê?

Leia
Se essa rua fosse minha

2. Que atitudes podemos ter para contribuir para a conservação de praças, parques e outros espaços que podem ser frequentados por todas as pessoas?

Você viu na fotografia da página anterior que as crianças estão brincando de diversas maneiras. Realizar essas atividades é gostoso, não é mesmo? Nesses momentos as crianças se distraem e se divertem.

Mas será que são apenas esses os benefícios de brincar em espaços como praças e parques?

Ao brincar com outras crianças ao ar livre, em espaços como praças e parques, você aprende a conviver e ainda pratica uma atividade física.

Isso é fundamental para você se sentir bem e crescer saudável. Fazer atividade física diminui problemas de saúde como a **obesidade**, ajuda na fixação de elementos importantes para o corpo humano, como o cálcio, e aumenta a resistência a doenças.

obesidade: excesso de gordura no corpo.

Vamos falar sobre...

A importância da atividade física

Observe as brincadeiras retratadas nas fotografias.

1

Andrey_Popov/Shutterstock

2

Cesar Diniz/Pulsar Imagens

1. Do que as crianças estão brincando? Onde você acha que elas estão?
2. De que maneira você costuma brincar mais: dentro de casa, como na fotografia 1, ou ao ar livre, como na fotografia 2? Do que você brinca?
3. Em sua opinião, é importante brincar em espaços ao ar livre?

Vamos retomar

1 **Observe a fotografia abaixo. Depois, responda às questões.**

Maurício Simonetti/Pulsar Imagens

Rua do município de Palmas, no estado do Tocantins, em 2015.

a) Em sua opinião, essa rua está adequada para a circulação de veículos e pedestres? Justifique sua resposta.

b) Considerando o que você observou, dê uma sugestão para melhorar a situação dos moradores desse local.

2 **Observe a fotografia ao lado.**

a) Para que serve a sinalização existente no piso? Ela é importante?

b) Você já observou se na rua em que mora existe esse tipo de sinalização?

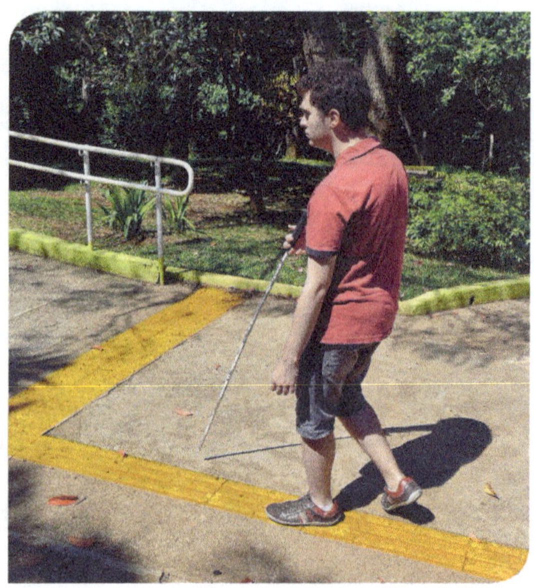

João Prudente/Pulsar Imagens

Pessoa com deficiência visual caminhando no Horto Municipal, no município de Socorro, no estado de São Paulo, em 2015.

Autoavaliação

Vamos pensar sobre o que você aprendeu nesta unidade? Marque com **X** a opção que melhor represente sua resposta a cada pergunta abaixo.			
1. Você reconhece que as ruas, as praças e os parques são espaços de convivência, trabalho, manifestação e lazer?			
2. Você identifica diferentes tipos de rua?			
3. Você reconhece a importância das atividades ao ar livre para a saúde?			
4. Você reconhece a importância de ruas bem conservadas para a circulação de pessoas?			

Sugestões

Para ler

- **Ruas, quantas ruas!**, de Cosell Lenzi e Fanny Espírito Santo. Curitiba: Positivo, 2011.
  Este livro mostra aspectos importantes do dia a dia das pessoas pelas ruas da cidade. De forma lúdica, você é convidado a observar sua rua e compará-la com outras.

Reprodução/Editora Positivo

- **Se essa rua fosse minha**, de Eduardo Amos. São Paulo: Moderna, 2015.
  Se a rua onde você mora fosse sua, o que faria com ela? A partir da cantiga que dá nome ao livro, o autor aproveita para falar da responsabilidade de cada um na construção de uma rua ideal.

Reprodução/Editora Moderna

- **Tem de tudo nesta rua...**, de Marcelo Xavier. São Paulo: Formato, 2013.
  Este livro mostra cenas do cotidiano vividas por personagens que trabalham nas ruas: pipoqueiro, camelô, catador de papel, vendedor de algodão-doce...

Reprodução/Formato Editorial

UNIDADE

7 As ruas e o trabalho

Nesta unidade você vai:

- Reconhecer que a rua é também um espaço de trabalho.
- Compreender que as ruas mudam ao longo do tempo.
- Reconhecer que o nome da rua faz parte do endereço.
- Reconhecer o que é um quarteirão e identificar elementos presentes no quarteirão da escola e da moradia.
- Utilizar diferentes unidades de medida para verificar distâncias e tamanhos de objetos.

1. O que você observa em cada fotografia?

2. Que diferenças você observa entre as fotografias? E que semelhanças?

3. Qual é a importância dos trabalhadores mostrados nas fotografias?

4. Você conhece profissionais cujo trabalho é realizado nas ruas? Dê exemplos.

1. Transporte escolar no município de São Paulo, no estado de São Paulo, em 1910, aproximadamente.
2. Transporte escolar no município de Itapiranga, no estado de Santa Catarina, em 2015.

Cortesia Lourdes de Alcântara Machado.
Nosso século - 1900/1910

1

2

Cesar Diniz/Pulsar Imagens

O trabalho nas ruas

Além de servirem como espaços de circulação e de vivência, as ruas são o local de diferentes tipos de trabalho.

1 Observe as fotografias e responda às questões.

Feira livre no município de Mucugê, no estado da Bahia, em 2016.

João Prudente/Pulsar Imagens

Vendedor ambulante no município de Londrina, no estado do Paraná, em 2014.

Gerson Sobreira/Terrastock

a) Que trabalho as pessoas das fotografias estão realizando?

....

....

b) Nas ruas por onde você passa, você observa pessoas trabalhando? Quais atividades elas realizam?

....

....

2 Observe a fotografia ao lado.

Trabalhador conhecido como catador de materiais recicláveis, em rua do município de São Francisco do Sul, no estado de Santa Catarina, em 2016.

a) O que o trabalhador retratado está levando no carrinho?

b) Em sua opinião, qual é a importância do trabalho dele?

Em muitas cidades brasileiras existem trabalhadores como o que você observou na fotografia acima, que circulam pelas ruas coletando papelão, papel, metais, plásticos, vidros e outros materiais que podem ser reciclados.

Vamos falar sobre...

Colaborando com a reciclagem

Leia
A quarta-feira de Jonas

Você sabe o que é reciclar?

Reciclar significa utilizar um material já descartado (que virou lixo) para fabricar outros produtos. Assim, papel usado pode virar papel novo, garrafas plásticas podem ser transformadas em mochilas, entre outros exemplos.

Os benefícios da reciclagem são muitos, entre eles a diminuição da quantidade de lixo gerada. A reciclagem evita, ainda, que mais recursos sejam retirados da natureza. O papel, por exemplo, é produzido a partir da celulose, material extraído das árvores. Se utilizarmos papel reciclado, menos árvores serão derrubadas.

- **De que maneiras você, seus colegas, professores e familiares podem colaborar para a reciclagem de materiais?**

Ruas de hoje e de antigamente

As ruas e avenidas, assim como as praças, os parques e outros espaços, mudam com o passar do tempo. Em algumas ocorrem grandes transformações, outras mudam pouco. Observe as fotografias a seguir.

Arquivo/Prefeitura Municipal de Salvador

Avenida Sete de Setembro, no município de Salvador, no estado da Bahia, por volta de 1930.

Rubens Chaves/Pulsar Imagens

Avenida Sete de Setembro, em 2016.

1 Compare as fotografias acima. Depois, complete o quadro abaixo com as mudanças que ocorreram nessa avenida.

Elementos que não existem mais na avenida	Elementos novos na avenida

2 Em sua opinião, por que essas mudanças ocorreram?

As ruas, as praças e os parques possuem um nome que os identifica. Esse nome faz parte do endereço das construções: casas, escolas, hospitais, etc. O endereço é essencial para as pessoas encontrarem um local que não conheçam.

O nome que cada via de circulação recebe pode homenagear pessoas de destaque no mundo, no país ou no próprio município ou bairro, ou ainda fazer referência a datas históricas ou a alguma atividade importante na região. Veja a fotografia.

Charles Sholl/Futura Press

Vista do Viaduto do Chá, no município de São Paulo, no estado de São Paulo, em 2017. O viaduto ganhou esse nome porque na época de sua inauguração (1892) havia uma grande plantação de chá-da-índia nas proximidades.

3 Escreva o endereço completo da escola onde você estuda.

Rua:

Número: Complemento:

Bairro: CEP:

Município:

Estado:

Banco de imagens/Arquivo da editora

4 Com os colegas e o professor, pesquisem por que a rua da escola onde vocês estudam tem esse nome. Façam suas anotações no caderno.

O quarteirão

Leia

Em volta do quarteirão

Observe a fotografia abaixo.

Vista aérea de trecho do município de Corumbá, no estado de Mato Grosso do Sul, em 2014. O quarteirão em destaque na fotografia é ocupado por uma escola pública.

A imagem acima é uma fotografia aérea tirada de um helicóptero ou avião. Ela apresenta um trecho do município de Corumbá, em uma visão de cima e de lado. Nela podemos observar que os terrenos e as construções estão agrupados em **quarteirões**, delimitados por ruas.

Geralmente, os quarteirões são ocupados por muitos elementos, como casas, prédios, terrenos sem construções, escolas, hospitais, lojas, entre outros. Mas os quarteirões também podem ser ocupados por apenas um desses elementos, como você observou na fotografia acima.

1 **Como é o quarteirão onde está a escola em que você estuda? Quais elementos você observa nele?**

2 Qual é o nome das ruas que formam o quarteirão destacado na fotografia da página anterior?

....

....

....

....

3 Qual é o nome das ruas que formam o quarteirão da escola onde você estuda?

....

....

....

....

4 Em sua opinião, qual das ilustrações abaixo mostra como a fotografia da página ao lado foi tirada? Assinale com **X**.

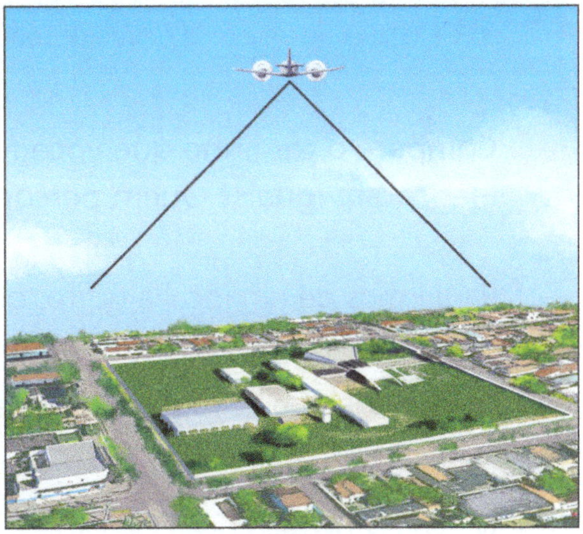

Ilustrações: Hagaquezart Estúdio/Arquivo da editora

☐ De cima e de lado (visão oblíqua).

☐ De cima para baixo (visão vertical).

5 Em uma folha à parte, faça um desenho do quarteirão onde está localizada a sua moradia. Escreva o nome das ruas que delimitam esse quarteirão. Na sala de aula, mostre o seu desenho aos colegas e ao professor.

Medindo distâncias e comprimentos

Observe a imagem de satélite a seguir. Nela estão representadas a localização de Luís e a de sua casa. Trace um caminho para levar Luís até a casa dele.

Leia

A Princesa está chegando!

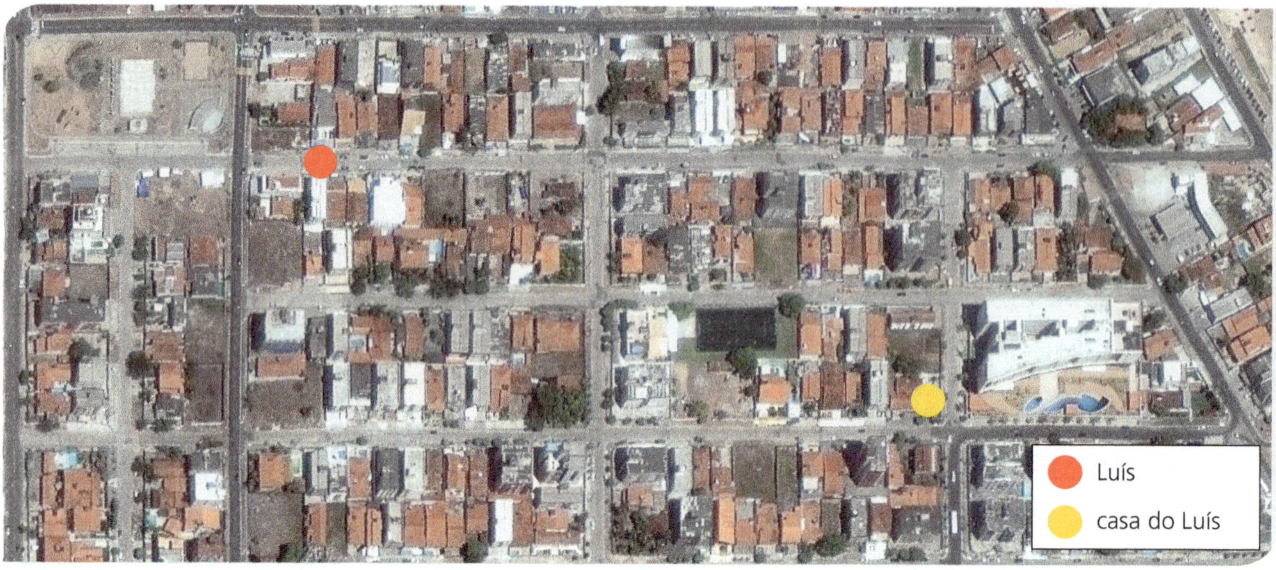

Imagem de satélite de trecho da cidade de João Pessoa, no estado da Paraíba, em 2017.

1 **Compare o caminho que você fez com os caminhos escolhidos pelos colegas. Eles foram iguais? Quem percorreu o caminho mais curto? E o mais longo?**

Para irmos de um local a outro, geralmente existe mais de um caminho possível. Esses caminhos podem ser mais longos ou mais curtos.

Uma maneira de comparar o tamanho de espaços e também de objetos é pela medida. Para medir, podemos utilizar o palmo e o passo, por exemplo.

2 **Meça e anote:**

a) as medidas da sua carteira em palmos;

....

b) as medidas da sua sala de aula em passos.

....

3 **Compare as medidas que você encontrou com as medidas dos colegas. Elas são iguais? Em sua opinião, por que isso acontece?**

....

....

Para medir espaços ou objetos, também podemos utilizar instrumentos. Veja alguns exemplos.

IB Photography/Shutterstock

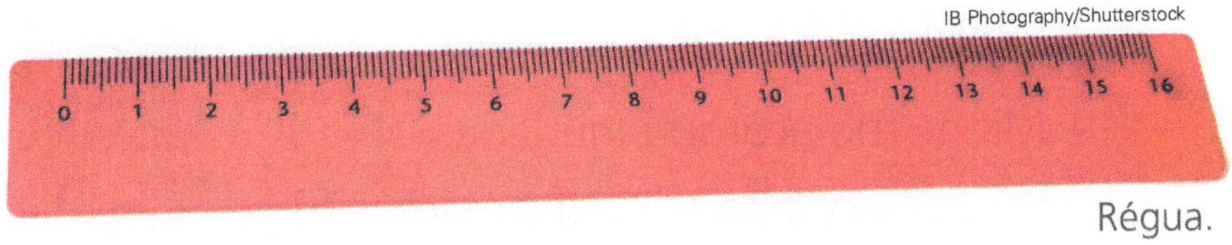

Régua.

Serhiy Kobyakov/Shutterstock

Trena.

Fotyma/Shutterstock

Fita métrica.

Os instrumentos de medida das fotografias acima não estão retratados em tamanho real e não estão proporcionais entre si.

4 **Meça a largura e o comprimento do seu livro utilizando uma régua.**

a) Anote as medidas:

....

....

b) Compare as medidas que você encontrou com as dos colegas. Elas são iguais? Em sua opinião, por que isso acontece?

Para medir a largura e o comprimento do livro, você utilizou a régua. Para medir espaços maiores, como a sala de aula ou os cômodos de uma casa, normalmente utilizamos a fita métrica ou a trena.

5 **Com a ajuda do professor, você e os colegas vão medir a largura e o comprimento da sala de aula utilizando fita métrica ou trena. Anote as medidas em seu caderno.**

Vamos retomar

1 Leia este trecho de poema. Depois responda às questões.

A rua diferente

Na minha rua estão cortando árvores
botando trilhos
construindo casas.

Minha rua acordou mudada.
Os vizinhos não se conformam. [...]

Carlos Drummond de Andrade.
A rua diferente. In: **Alguma poesia**. São Paulo:
Companhia das Letras, 2013.

Dawidson França/
Arquivo da editora

a) O que está acontecendo na rua descrita no poema?

....

....

....

b) Qual é a reação dos vizinhos em relação às mudanças na rua?
Assinale com **X**.

☐ Eles aprovam as mudanças.

☐ Eles não aprovam as mudanças.

c) De acordo com o poema, as mudanças aconteceram lenta ou rapidamente?
Copie abaixo o verso que justifica sua resposta.

....

....

....

d) Você já viu algum tipo de mudança acontecer na rua onde mora? Qual? O que você achou dela?

Autoavaliação

Vamos pensar sobre o que você aprendeu nesta unidade?
Marque com **X** a opção que melhor represente sua resposta a cada pergunta abaixo.

1. Você reconhece que a rua é também um espaço de trabalho?			
2. Você compreende que as ruas mudam ao longo do tempo?			
3. Você reconhece que o nome da rua faz parte do endereço?			
4. Você reconhece o que é um quarteirão e consegue identificar elementos presentes no quarteirão da escola e da moradia?			
5. Você sabe utilizar diferentes unidades de medida para verificar distâncias e tamanhos de objetos?			

Sugestões

Para ler

- **A Princesa está chegando!**, de Yu Yeong-So. São Paulo: Callis, 2008.

  Este livro conta a história da mobilização das pessoas de um vilarejo que vai receber a visita de uma princesa. Para arrumar o local onde a princesa Rita ficará, os habitantes da cidade terão de escolher os móveis e objetos. Para isso, eles terão de usar unidades de medida não convencionais.

Reprodução/Editora Callis

- **A quarta-feira de Jonas**, de Socorro Acioli. Fortaleza: Demócrito Rocha, 2013.

  Nesta aventura do personagem Jonas você vai aprender mais um bom motivo para reciclar materiais.

Reprodução/Editora Demócrito Rocha

- **Em volta do quarteirão**, de Anna Flora. São Paulo: Salamandra, 2008.

  Em uma viagem pelo quarteirão, você vai conhecer pessoas que praticam diversas atividades de trabalho nas ruas.

Reprodução/Editora Salamandra

UNIDADE

8 A circulação nas ruas

Nesta unidade você vai:

- Identificar diferentes meios de transporte e algumas de suas características.
- Comparar diferentes meios de transporte.
- Reconhecer a importância de respeitar as leis e os sinais de trânsito.
- Reconhecer a importância dos transportes coletivos.
- Identificar os prejuízos causados pelos meios de transporte ao ambiente.

1. O que você observa em cada fotografia?
2. Quais meios de transporte você identifica em cada fotografia?
3. Quais placas de sinalização você identifica nas fotografias? Você sabe o que elas significam?
4. Em sua opinião, na fotografia 1, todas as pessoas estão fazendo a travessia da rua de modo adequado? Por quê?

1. Rua do município de Poços de Caldas, no estado de Minas Gerais, em 2014.
2. Avenida no município de Belo Horizonte, no estado de Minas Gerais, em 2015.

Thomaz Vita Neto/Tyba

Delfim Martins/Pulsar Imagens

Meios de transporte

Leia
Como vou?

As ruas são espaços de circulação de pessoas e veículos. As pessoas que circulam a pé são chamadas de **pedestres**. Elas podem usar os meios de transporte, que podem servir também para levar produtos de um local para outro. Observe a ilustração.

Hagaquezart Estúdio/Arquivo da editora

1 Que meios de transporte você identifica na ilustração acima?

....

....

Os meios de transporte apresentados na ilustração são **terrestres**. Dependendo de onde circulam, os meios de transporte também podem ser **aquáticos** ou **aéreos**.

2 **Observe as fotografias a seguir e classifique cada meio de transporte em:**

1 terrestre　　2 aquático　　3 aéreo

Gerson Gerloff/Pulsar Imagens

Avião em aeroporto do município de Santa Maria, no estado do Rio Grande do Sul, em 2014.

Delfim Martins/Pulsar Imagens

Metrô no município de Fortaleza, no estado do Ceará, em 2013.

Jose Roberto Couto/Tyba

Barco no rio Amazonas, no município de Parintins, no estado do Amazonas, em 2015.

Sergio Pedreira/Pulsar Imagens

Ônibus escolar no município de Santaluz, no estado da Bahia, em 2014.

3 **Em grupos, comparem os meios de transporte das fotografias acima e os mostrados na ilustração da página anterior. Considerem os seguintes itens:**

- o que cada um pode transportar de um local para outro;
- a velocidade com que podem circular e as distâncias que podem percorrer.

Façam suas anotações no caderno. Depois, apresentem o resultado para os outros colegas e o professor.

4 **Pesquise em revistas, em jornais ou na internet imagens de meios de transporte lançando fumaça no ar. Recorte e cole as imagens numa folha à parte. Depois, converse com os colegas e o professor: Por que o lançamento de fumaça é prejudicial ao ambiente e às pessoas?**

A circulação e os sinais de trânsito

Acesse
Plenarinho

O movimento de pessoas e veículos pelas ruas é chamado **trânsito**. Para organizar o trânsito e garantir que motoristas e pedestres circulem em segurança, existem os **sinais de trânsito**.

Conhecer os sinais de trânsito e utilizá-los corretamente é muito importante para motoristas e pedestres, pois isso torna o trânsito mais seguro para todos.

Veja alguns deles:

Marcos Amend/Pulsar Imagens

Semáforo de pedestres.

Celio Coscia/Fotoarena

Semáforo.

Fernando Favoretto/Criar Imagem

Placa de trânsito.

Daniel Cymbalista/Pulsar Imagens

Faixa de pedestres.

Os sinais de trânsito das fotografias acima não estão representados proporcionalmente.

1 **Para que serve cada sinal de trânsito acima?**

a) Semáforo de pedestres: ....

b) Semáforo: ....

c) Placa de trânsito: ....

d) Faixa de pedestres: ....

2 **Observe os sinais de trânsito que existem no trajeto de sua moradia até a escola. Faça um desenho de um deles em uma folha à parte e pesquise o seu significado. Depois compartilhe o resultado com os colegas e o professor.**

Educação no trânsito

Além dos sinais de trânsito, há também as **leis** de trânsito. Essas regras existem para organizar e garantir a segurança no trânsito.

Conheça algumas leis de trânsito.

Acesse

Turma da Mônica em: viajando com segurança

lei: regra a que todas as pessoas precisam obedecer para manter a ordem.

Usar cinto de segurança. Crianças menores de 10 anos de idade devem sentar no banco traseiro do carro, usando os assentos adequados para a sua idade. E todos os ocupantes do veículo devem usar cinto de segurança.

Respeitar o semáforo. Além de causar acidentes, os motoristas que não respeitam a orientação do sinal luminoso podem fechar o cruzamento e atrapalhar o fluxo de veículos, piorando muito o trânsito nas cidades.

Não estacionar ou parar em locais proibidos. Isso atrapalha os pedestres e o fluxo de veículos.

Não utilizar o telefone celular ao dirigir. O motorista que fala ao celular ou envia mensagens enquanto dirige pode se distrair e provocar acidentes.

Ilustrações: Hagaquezart Estúdio/Arquivo da editora

1 Você e seus familiares respeitam quais leis abaixo? Marque com **X**.

- [ ] Usar cinto de segurança.
- [ ] Não estacionar em locais proibidos.
- [ ] Respeitar o semáforo.
- [ ] Não utilizar o celular ao dirigir.

2 Pense nas ruas por onde você costuma circular a pé ou em veículos e responda:

a) Os motoristas respeitam a sinalização e as leis de trânsito?

b) E os pedestres?

Vamos falar sobre...

Segurança no trânsito

Conhecer e respeitar as leis é fundamental para a segurança de todos e para uma convivência pacífica no trânsito. Observe as situações abaixo.

1

2

Ilustrações: Hagaquezart Estúdio/Arquivo da editora

1. Quais leis de trânsito estão sendo desrespeitadas?
2. Quais são as consequências desses desrespeitos às leis?
3. Ao atravessar a rua, é fundamental usar a faixa de pedestres e só avançar quando o sinal de pedestres estiver verde. Mas ainda são necessários outros cuidados. Que outro cuidado você acha importante para atravessar uma rua com segurança?

Ampliar horizontes

Meios de transporte pelo mundo

As pessoas do mundo todo utilizam meios de transporte para se locomover. Mas seus tipos e usos podem variar bastante. Veja as mensagens enviadas por brasileiros que viajaram para outros países.

Ilustrações: Hagaquezart Estúdio/Arquivo da editora

Fotografias: PomInOz/Shutterstock; Pete Saloutos/UpperCut Images/Getty Images; Michele Burgess/Alamy/Fotoarena

1. Quais dos meios de transporte apresentados acima você não conhecia ou achou mais curiosos?

2. Quais são os meios de transporte mais usados onde você vive? Escolha um, recorte uma fotografia dele e cole-a em uma folha à parte, ou faça um desenho. Escreva uma legenda, indicando o nome do meio de transporte e para que ele é utilizado.

A importância do transporte coletivo

Nas grandes cidades, onde muitos veículos circulam pelas ruas, a poluição do ar é um grave problema. Isso porque muitos dos gases que poluem a **atmosfera** saem dos veículos, que precisam queimar combustíveis, como a gasolina, para funcionar.

atmosfera: camada de ar que envolve o planeta Terra.

Além disso, quanto maior a quantidade de veículos mais difícil fica para se deslocar de um local a outro da cidade. Uma solução para reduzir esses problemas é a utilização dos transportes coletivos, porque eles levam muitas pessoas de uma vez e alguns não poluem a atmosfera, como o metrô.

Veja a ilustração a seguir.

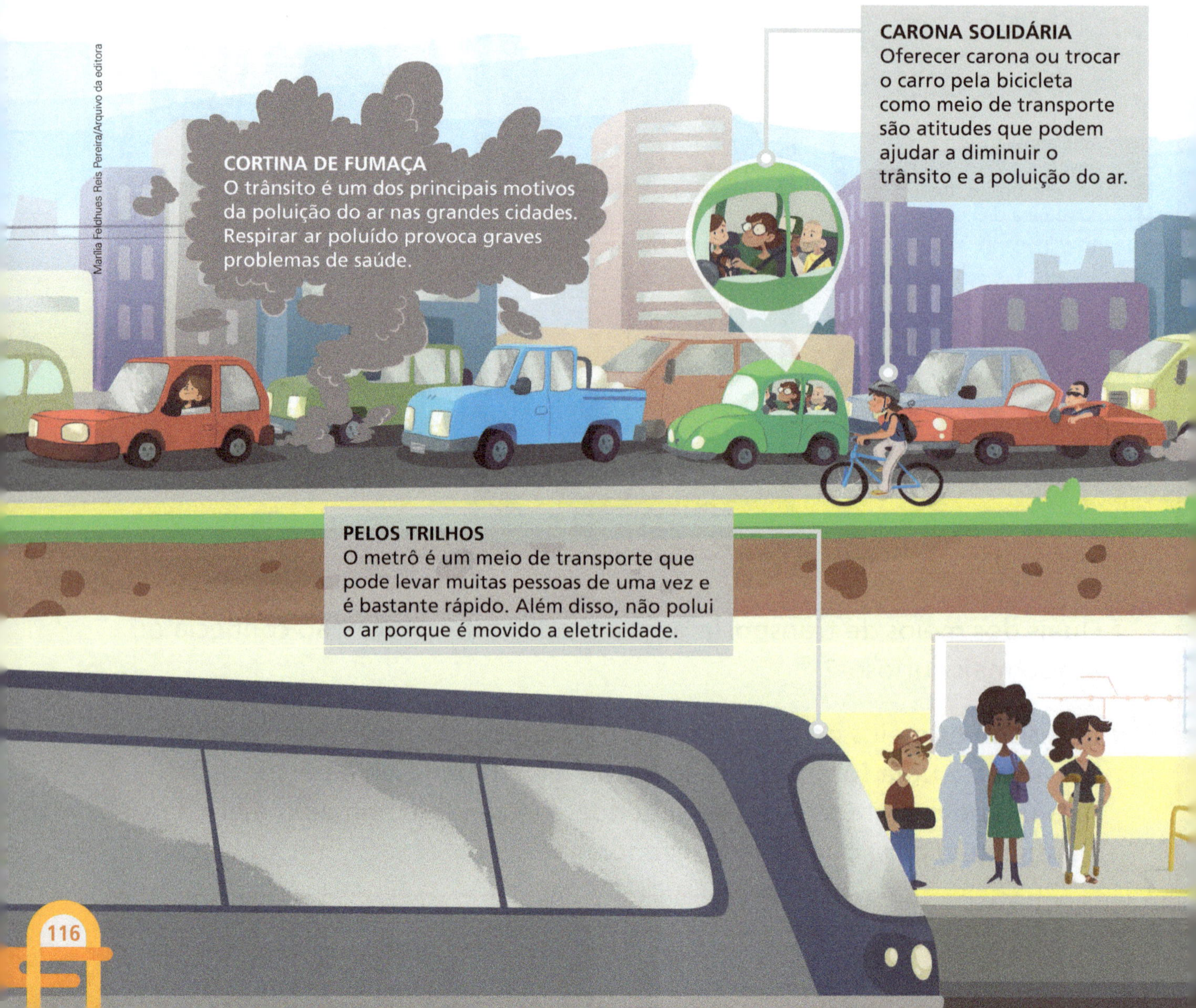

Marília Feldhues Reis Pereira/Arquivo da editora

Converse com os colegas e o professor.

1. Você já utilizou ou utiliza transporte coletivo? Qual(is)?
2. Você acha bom o transporte coletivo do lugar onde você vive? Por quê?
3. Você acha importante haver mais utilização e maior oferta de transporte coletivo? Por quê?
4. Além do uso do transporte coletivo, que outras sugestões você daria para reduzir a poluição do ar e os congestionamentos nas grandes cidades? Por que isso é importante?

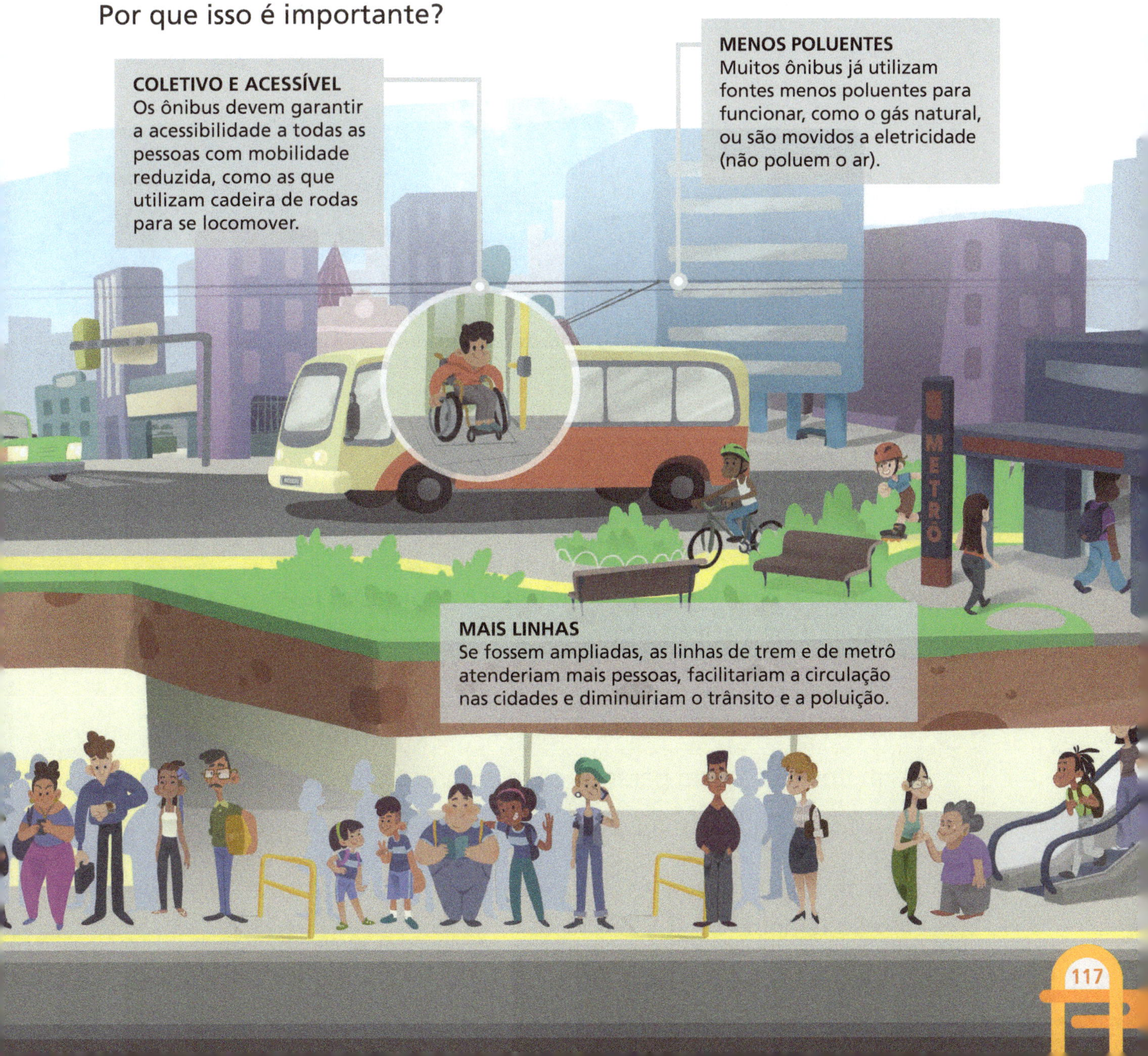

Vamos retomar

1 Encontre no diagrama abaixo os meios de transporte ilustrados.

N	O	T	L	M	E	N	F	L	T	H	A
A	E	S	S	V	I	S	P	A	R	E	V
V	H	E	L	I	C	Ó	P	T	E	R	O
I	M	I	N	E	T	R	U	D	M	O	I
O	T	R	A	S	N	E	V	O	T	P	H
C	D	H	L	I	A	Ó	P	T	R	U	S
S	A	E	I	M	V	P	E	B	E	N	O

Hagaquezart Estúdio/Arquivo da editora

Os meios de transporte ilustrados não estão representados proporcionalmente.

Qual desses meios de transporte é:

a) terrestre? ....

b) aéreo? ....

c) aquático? ....

2 **Considerando o que você aprendeu nesta unidade, leia cada frase a seguir e avalie se a atitude que ela descreve está certa ou errada. Marque com C se ela estiver certa e com E se estiver errada.**

☐ Os pedestres devem atravessar a rua na faixa de pedestres.

☐ Os motoristas devem parar os carros sobre a faixa de pedestres.

☐ A cadeirinha de bebê deve ser colocada no banco de trás do carro.

☐ Falar ao celular enquanto dirige é bom, pois dá para fazer duas coisas ao mesmo tempo.

Autoavaliação

Vamos pensar sobre o que você aprendeu nesta unidade?
Marque com **X** a opção que melhor represente sua resposta a cada pergunta abaixo.

1. Você identifica diferentes meios de transporte e algumas de suas características?			
2. Você consegue comparar diferentes meios de transporte?			
3. Você reconhece a importância de respeitar as leis e os sinais de trânsito?			
4. Você reconhece a importância dos transportes coletivos?			
5. Você identifica os prejuízos que os meios de transporte causam ao ambiente?			

Sugestões

Para ler

Reprodução/Cia. das Letrinhas

- **Como vou?**, de Mariana Zanetti, Renata Bueno e Fernando de Almeida. São Paulo: Companhia das Letrinhas, 2011.

  Neste livro você vai descobrir que, para nos deslocarmos, podemos utilizar vários meios de transporte, dependendo se o percurso é longo ou curto, se queremos ir rápido ou devagar.

Para acessar

- **Plenarinho.** Disponível em: <https://plenarinho.leg.br/index.php/diversao/jogos/>. Acesso em: abr. 2018.

  Na aba "Diversão" deste *site* há jogos, músicas e quadrinhos. Entre eles, um jogo sobre sinalização de trânsito chamado Trânsito legal.

- **Turma da Mônica em: viajando com segurança.** Disponível em: <http://turmadamonica.uol.com.br/viajando-com-seguranca/>. Acesso em: abr. 2018.

  Nesta história em quadrinhos você vai aprender algumas leis de trânsito de maneira muito divertida.

UNIDADE

9 Os meios de comunicação

Nesta unidade você vai:

- Reconhecer o que são meios de comunicação e sua importância na conexão entre os lugares.
- Comparar diferentes tipos de meios de comunicação.
- Identificar os usos da internet.
- Reconhecer a importância de usar a internet com segurança e responsabilidade.

1. O que você observa em cada fotografia?
2. Em sua opinião, as fotografias mostram meios de comunicação? Explique.
3. Que meios de comunicação você conhece?
4. Em sua opinião, qual é a importância dos meios de comunicação?

1. Crianças lendo livros emprestados da Charrete da Leitura no município de São José da Coroa Grande, no estado de Pernambuco, em 2013.
2. Crianças assistindo a filme em cinema no município de Várzea Grande, no estado de Mato Grosso, em 2016.

1

Hans Von Manteuffel/Opção Brasil

2

SECOM/Várzea Grande

Diferentes meios de comunicação

Leia
Telefone sem fio

Observe as fotografias. O que elas têm em comum?

WAYHOME studio/Shutterstock

Jag Images/Cultura/Getty Images

Arun Mondhe/Hindustan Times via Getty Images

Ernesto Reghran/Pulsar Imagens

As fotografias mostram pessoas utilizando diferentes meios de comunicação. Apesar de suas diferenças, todos eles têm uma função em comum: possibilitar a troca de informações.

Leia
Pomba Colomba

1 Converse com os colegas e o professor.

a) Que meios de comunicação podem transmitir mensagens de qualquer local do mundo a um grande número de pessoas?

b) Que meios de comunicação fazem parte do seu dia a dia?

c) Com qual finalidade esses meios de comunicação são utilizados?

O computador e a internet

Você já utilizou um computador? Para quê? Se nunca usou, você já viu as pessoas usarem o computador com que finalidade?

Leia
É um livro

Os computadores estão cada vez mais presentes em nosso dia a dia, nas moradias, escolas, empresas e em muitos outros locais.

Por meio da internet, que funciona como uma rede que interliga computadores do mundo todo, as pessoas podem acessar mensagens escritas, imagens e áudios no mesmo momento em que são produzidos. Pela internet, ainda, é possível obter diversos tipos de informação, acessar documentos, relatórios, assistir a filmes, ouvir músicas, visitar museus e outros locais, fazer cursos, realizar compras, fazer pagamentos, entre outras atividades.

A maior parte das informações, textos, recursos visuais, vídeos, músicas e outros conteúdos da internet está disponível em ***sites***. O acesso a tudo isso pode ser realizado por computadores portáteis, como *tablets* e *notebooks*, e por meio de *smartphones*.

site: conjunto de conteúdos (textos, imagens, vídeos, etc.) que pode ser acessado por meio de um endereço eletrônico.

Emerson Ferraz/Agência Sorocaba de Notícias/Prefeitura de Sorocaba

Algumas cidades brasileiras possuem telecentros, locais mantidos pelo governo onde as pessoas podem utilizar computadores com acesso à internet. Na fotografia, telecentro no município de Sorocaba, no estado de São Paulo, em 2016.

Troca de ideias

1. **Será que todas as pessoas têm acesso à internet? Você sabe o que é preciso para ter acesso à rede e desfrutar de tudo o que ela oferece?**

2. **Será que existem somente vantagens na utilização da internet, ou há desvantagens? Explique.**

Utilizando a internet com segurança

A internet está presente nas atividades do dia a dia de muitas pessoas e pode facilitar e melhorar suas vidas. No entanto, é preciso saber usá-la com responsabilidade e tomar alguns cuidados. Conheça alguns deles.

Não divulge na internet seu endereço, telefone, nome da escola onde estuda, suas fotos e outros dados pessoais.

Não participe de comunidades virtuais que ofendam ou discriminem outras pessoas. Todos devem ser livres para expressar suas ideias, mas com responsabilidade e respeito.

Cuidado ao conversar com desconhecidos: no mundo virtual as pessoas podem não ser exatamente aquilo que dizem ser.

É importante controlar o tempo que você passa na internet. Conviver com amigos e parentes e fazer atividades ao ar livre é bom para a sua saúde.

Ilustrações: Hagaquezart Estúdio/Arquivo da editora

Utilize várias fontes de informação nas suas pesquisas, além da internet. E procure descobrir se o *site* que você está consultando traz informações corretas e atualizadas.

Não copie textos e imagens sem dizer quem são os autores. Ao fazer pesquisas, por exemplo, indique sempre o nome dos autores e os *sites* consultados.

Ilustrações: Hagaquezart Estúdio/Arquivo da editora

1 Em sua opinião, essas recomendações para utilizar a internet com segurança são importantes? Por quê? Converse com os colegas e o professor.

Vamos falar sobre...

O uso das redes sociais digitais

Você sabe o que são redes sociais digitais? As redes sociais digitais são formadas por grupos de pessoas com algum interesse em comum e que se relacionam pela internet. Apesar de muitas crianças utilizarem as redes sociais, a maioria delas não poderia ser usada por quem tem menos de treze anos de idade.

1. Por que você acha que a maioria das redes sociais digitais não são permitidas para crianças?
2. Você usa uma rede social digital ou conhece uma criança que utiliza? Com que objetivo ela é usada? Que cuidados são tomados nessa utilização?

Vamos retomar

1 Nesta unidade, você conheceu diferentes meios de comunicação. Complete o quadro abaixo escrevendo dois meios de comunicação que servem para a comunicação entre duas pessoas ou um pequeno grupo e dois meios de comunicação que transmitem informações para um grande número de pessoas.

Meios de comunicação	
Duas pessoas ou um pequeno grupo	Grande número de pessoas
Telefone	Televisão

2 Observe a fotografia a seguir.

simonkr/iStockphoto/Getty Images

Pessoas utilizando um *tablet* para conversar.

- O que possibilita a essas pessoas conversarem e se verem como se estivessem perto uma da outra?

Autoavaliação

Vamos pensar sobre o que você aprendeu nesta unidade?
Marque com **X** a opção que melhor represente sua resposta a cada pergunta abaixo.

1. Você reconhece o que são meios de comunicação e sua importância na conexão entre os lugares?			
2. Você consegue comparar diferentes tipos de meios de comunicação?			
3. Você consegue identificar os usos da internet?			
4. Você reconhece a importância de usar a internet com segurança e responsabilidade?			

Sugestões

Para ler

Reprodução/Cia. das Letrinhas

- **É um livro,** de Lane Smith. São Paulo: Companhia das Letrinhas, 2010.

  Qual é a diferença entre um livro impresso e um livro digital? O que faz um livro? Você vai descobrir isso lendo essa história, que trata das diferenças entre o livro impresso, o computador e as novas tecnologias.

Reprodução/Editora Ática

- **Pomba Colomba,** de Sylvia Orthof. São Paulo: Ática, 2008.

  A pomba Colomba encontra uma carta chorona que não sabe para onde deve ir e decide ajudá-la a chegar ao destinatário.

Reprodução/Cia. das Letrinhas

- **Telefone sem fio,** de Ilan Brenman. São Paulo: Companhia das Letrinhas, 2010.

  A comunicação é essencial, mas, se não for feita adequadamente, pode gerar muita confusão. Neste livro, personagens inusitadas cochicham uma no ouvido da outra. O que cada uma estará cochichando? Imagine e divirta-se!

BIBLIOGRAFIA

ALMANAQUE Brasil Socioambiental. São Paulo: ISA, 2008.

ALMEIDA, Rosângela Doin de. *Cartografia escolar*. São Paulo: Contexto, 2007.

_________. *Novos rumos da cartografia escolar*. São Paulo: Contexto, 2011.

_________; PASSINI, Elza Y. *O espaço cartográfico* – Ensino e representação. São Paulo: Contexto, 2008.

ARANTES, Valéria Amorim (Org.). *Como desenvolver as competências na sala de aula*. Petrópolis: Vozes, 2001.

_________. *Humor e alegria na educação*. São Paulo: Summus, 2006.

BRASIL. Ministério da Educação. *Base Nacional Comum Curricular*. Brasília, 2017. Disponível em: <http://basenacionalcomum.mec.gov.br/wp-content/uploads/2018/02/bncc-20dez-site.pdf>. Acesso em: abr. 2018.

CALLAI, Helena Copetti. *A formação do profissional de Geografia*. Rio Grande do Sul: Ijuí, 2003.

CARLOS, Ana Fani A. *A condição espacial*. São Paulo: Contexto, 2011.

CARVALHO, José Murilo de. *Cidadania no Brasil*: o longo caminho. Rio de Janeiro: Civilização Brasileira, 2002.

CASTELLAR, Sônia (Org.). *Educação geográfica*: teorias e práticas docentes. São Paulo: Contexto, 2005.

CAVALCANTI, Lana de Souza. *O ensino de Geografia na escola*. Campinas: Papirus, 2012.

CIÊNCIA HOJE NA ESCOLA. *Meio ambiente*: águas. Rio de Janeiro: SBPC, 1997.

FAZENDA, Ivani (Org.). *O que é interdisciplinaridade?* São Paulo: Cortez, 2008.

FELIPE, Carlos; MANZO, Maurizio. *O grande livro do folclore*. 2. ed. Belo Horizonte: Leitura, 2004.

FUNARI, Pedro Paulo; PIÑON, Ana. *A temática indígena na escola*. São Paulo: Contexto, 2011.

IBGE. *Atlas Nacional do Brasil Milton Santos*. Rio de Janeiro: IBGE, 2010.

_________. *Atlas geográfico escolar*. 7. ed. Rio de Janeiro: IBGE, 2016.

KIMURA, Shoto. *Geografia no Ensino Básico*. São Paulo: Contexto, 2011.

KUPSTAS, Márcia (Org.). *Trabalho em debate*. São Paulo: Moderna, 1998.

LEITE, Carlos; AWAD, Juliana di Cesare Marques. *Cidades sustentáveis, cidades inteligentes* – desenvolvimento sustentável num planeta urbano. Porto Alegre: Bookman, 2012.

MARTINELLI, Marcello. *Gráficos e mapas*: construa-os você mesmo. São Paulo: Moderna, 1998.

MATTOS, Regiane Augusto. *História e cultura afro-brasileira*. São Paulo: Contexto, 2011.

MEIRELES, Mário. *Dinâmicas, gincanas e jogos*. São Paulo: Paulinas, 2011.

MENDONÇA, Francisco; DANNI-OLIVEIRA, Inês Moresco. *Climatologia*: noções básicas e climas do Brasil. São Paulo: Oficina de Textos, 2007.

NARVAES, Patrícia. *Dicionário ilustrado de meio ambiente*. São Caetano do Sul: Yendis, 2011.

PHILIPPI JR., Arlindo; FERNANDES, Valdir (Edits.). *Práticas da interdisciplinaridade no ensino e pesquisa*. Barueri: Manele, 2015.

ROSS, Jurandyr L. (Org.). *Geografia do Brasil*. 5. ed. São Paulo: Edusp, 2005.

SARAIVA infantil de A a Z: dicionário da Língua Portuguesa ilustrado. São Paulo: Saraiva, 2012.

LIGAMUNDO

GEOGRAFIA

ELIAN ALABI LUCCI
ANSELMO LAZARO BRANCO

CADERNO DE ATIVIDADES

NOME: ______________________________ TURMA: ________

ESCOLA: ______________________________

2º ano
Ensino Fundamental • Anos Iniciais

Editora Saraiva
ão Paulo – 1ª edição – 2018

Editora Saraiva

Direção geral: Guilherme Luz
Direção editorial: Luiz Tonolli e Renata Mascarenhas
Gestão de projeto editorial: Tatiany Renó
Gestão e coordenação de área: Wagner Nicaretta (ger.) e Brunna Paulussi (coord.)
Edição: Simone de Souza Poiani
Gerência de produção editorial: Ricardo de Gan Braga
Planejamento e controle de produção: Paula Godo, Roseli Said e Marcos Toledo
Revisão: Hélia de Jesus Gonsaga (ger.), Kátia Scaff Marques (coord.), Rosângela Muricy (coord.), Ana Paula C. Malfa, Claudia Virgilio, Daniela Lima, Diego Carbone, Flavia S. Vênezio, Luciana B. Azevedo e Luiz Gustavo Bazana
Arte: Daniela Amaral (ger.), Claudio Faustino (coord.), Felipe Consales (edição de arte)
Diagramação: MRS Editorial
Iconografia: Sílvio Kligin (ger.), Denise Durand Kremer (coord.), Daniel Cymbalista e Evelyn Torrecilla (pesquisa iconográfica)
Licenciamento de conteúdos de terceiros: Thiago Fontana (coord.), Luciana Sposito e Angra Marques (licenciamento de textos), Erika Ramires, Luciana Pedrosa Bierbauer, Luciana Cardoso e Claudia Rodrigues (analistas adm.)
Tratamento de imagem: Cesar Wolf, Fernanda Crevin
Ilustrações: Ilustra Cartoon
Design: Gláucia Correa Koller (ger.), Flávia Dutra (proj. gráfico), Talita Guedes da Silva (capa) e Gustavo Natalino Vanini (assit. Arte)

Avenida das Nações Unidas, 7221, 1º andar, Setor A –
Espaço 2 – Pinheiros – SP – CEP 05425-902
SAC 0800 011 7875
www.editorasaraiva.com.br

2024
Código da obra CL 800648
CAE 628053 (AL) / 628057 (PR)
1ª edição
10ª impressão

Impressão e acabamento
Log&Print Gráfica, Dados Variáveis e Logística S.A.

Uma publicação SOMOS EDUCAÇÃO

APRESENTAÇÃO

ESTE É O SEU CADERNO DE ATIVIDADES.

NELE, VOCÊ VAI ENCONTRAR MAIS DESAFIOS PARA AJUDAR A AMPLIAR SEUS CONHECIMENTOS E OS CONTEÚDOS TRATADOS NO LIVRO.

BOM TRABALHO E VAMOS LÁ!

Ilustra Cartoon/Arquivo da editora

Sumário

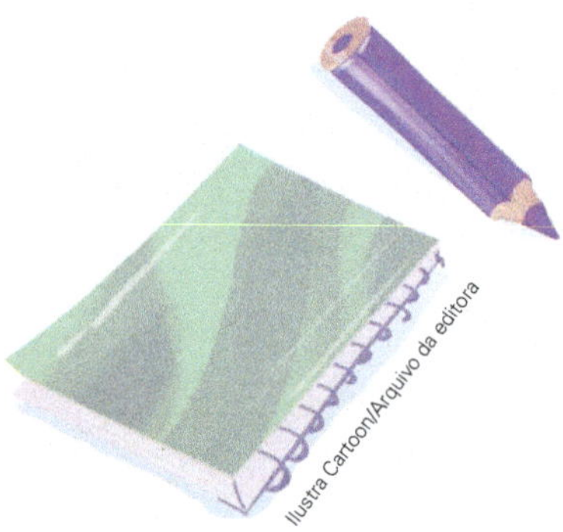

Ilustra Cartoon/Arquivo da editora

AS FAMÍLIAS

FAMÍLIAS DIFERENTES

1 AS FAMÍLIAS SÃO DIFERENTES. VAMOS RELEMBRAR? OBSERVE AS FOTOGRAFIAS ABAIXO. EM SEGUIDA, LEIA AS FRASES E FAÇA O QUE SE PEDE.

Renato Soares/Pulsar Imagens

FAMÍLIA INDÍGENA IKPENG NO MUNICÍPIO DE FELIZ NATAL, NO ESTADO DE MATO GROSSO, EM 2016.

Fernando Favoretto/Criar Imagem

FAMÍLIA NO MUNICÍPIO DE SÃO PAULO, NO ESTADO DE SÃO PAULO, EM 2017.

João Prudente/Pulsar Imagens

FAMÍLIA NO MUNICÍPIO DE POÇOS DE CALDAS, NO ESTADO DE MINAS GERAIS, EM 2018.

Fernando Favoretto/Criar Imagem

FAMÍLIA NO MUNICÍPIO DE SÃO PAULO, NO ESTADO DE SÃO PAULO, EM 2018.

ALGUMAS FAMÍLIAS SÃO FORMADAS POR MÃE E FILHOS.
ALGUMAS FAMÍLIAS SÃO FORMADAS POR PAI, MÃE E FILHOS.
ALGUMAS FAMÍLIAS SÃO FORMADAS POR MUITA GENTE.
ALGUMAS FAMÍLIAS SÃO FORMADAS POR AVÔ, FILHO E NETO.

A) ANOTE A FRASE RELACIONADA COM A FOTOGRAFIA 1.

B) ANOTE A FRASE RELACIONADA COM A FOTOGRAFIA 2.

C) ANOTE AS FRASES RELACIONADAS COM AS FOTOGRAFIAS 3 E 4.

2 ESCREVA AQUI O NOME DAS PESSOAS DA SUA FAMÍLIA.

3 DESENHE A SUA FAMÍLIA AQUI.

4 IDENTIFIQUE AS PESSOAS DO SEU DESENHO ESCREVENDO O NOME DELAS.

FAMÍLIA E CONVIVIO

5 LEIA O TRECHO DE UM TEXTO SOBRE OS XAVANTE, POVO INDÍGENA QUE VIVE NO ESTADO DE MATO GROSSO. DEPOIS, RESPONDA ÀS QUESTÕES.

> AS CRIANÇAS COSTUMAM CAMINHAR LIVRES PELA ALDEIA ACOMPANHANDO OUTRAS PESSOAS (SEJAM CRIANÇAS, VELHOS OU ADULTOS) EM SUAS ATIVIDADES E É NESTAS OCASIÕES QUE ELAS APRENDEM A IDENTIFICAR AS REGRAS QUE ORIENTAM A SUA SOCIEDADE.
>
> AS TAREFAS DOMÉSTICAS SÃO APRENDIDAS NO COTIDIANO. AO MESMO TEMPO EM QUE AJUDAM SEUS PARENTES A TOMAR CONTA DO IRMÃO, LAVAR ROUPA, LEVAR E TRAZER RECADOS, PREPARAR COMIDAS, AS CRIANÇAS BRINCAM E SE DIVERTEM.
>
> INSTITUTO SOCIOAMBIENTAL. **POVOS INDÍGENAS NO BRASIL MIRIM**. DISPONÍVEL EM: <https://mirim.org/como-vivem/aprender>. ACESSO EM: 2 MAIO 2018.

A) QUE ATIVIDADES AS CRIANÇAS XAVANTES COSTUMAM REALIZAR EM FAMÍLIA?

....

....

....

B) COMPARE AS SUAS ATIVIDADES EM FAMÍLIA COM AS DAS CRIANÇAS XAVANTES. O QUE É IGUAL? O QUE É DIFERENTE?

....

....

....

AS MORADIAS

DEPENDÊNCIAS DAS MORADIAS

1 **OBSERVE A ILUSTRAÇÃO DE UMA MORADIA VISTA POR DENTRO. DEPOIS, FAÇA O QUE SE PEDE.**

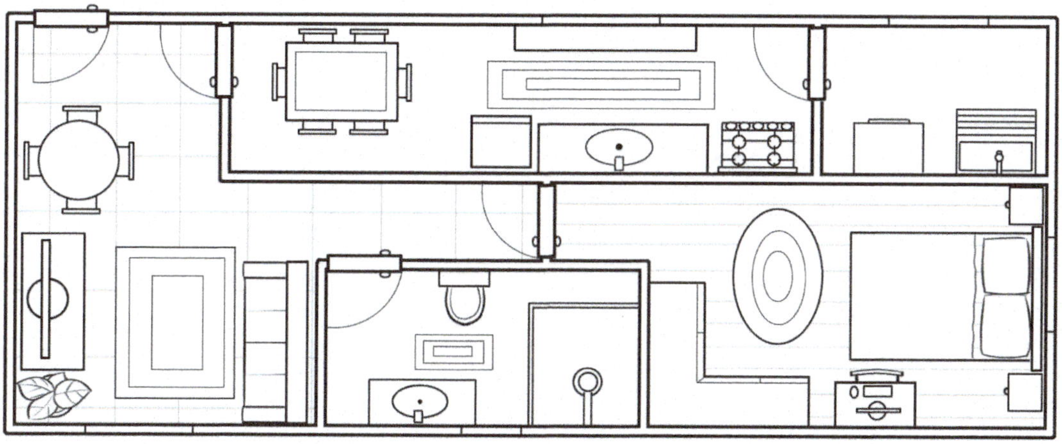

Ilustra Cartoon/Arquivo da editora

A) ESCOLHA LÁPIS DE CINCO CORES DIFERENTES E PINTE AS DEPENDÊNCIAS DA CASA, UMA DE CADA COR.

B) PINTE OS QUADRINHOS ABAIXO DE ACORDO COM A COR QUE VOCÊ ESCOLHEU PARA CADA DEPENDÊNCIA.

☐ SALA ☐ QUARTO ☐ COZINHA

☐ BANHEIRO ☐ LAVANDERIA

2 **ASSINALE A ALTERNATIVA CORRETA.**

NA ILUSTRAÇÃO, OS OBJETOS DA CASA SÃO OBSERVADOS:

☐ DO ALTO, DE CIMA PARA BAIXO.

☐ DE LADO.

☐ DE CIMA E DE LADO.

3 OBSERVE NOVAMENTE A ILUSTRAÇÃO DA ATIVIDADE 1. DEPOIS, ESCREVA O NOME DE TRÊS OBJETOS QUE HÁ NAS SEGUINTES DEPENDÊNCIAS:

QUARTO	SALA
COZINHA	**BANHEIRO**

4 A ILUSTRAÇÃO AO LADO REPRESENTA UMA TELEVISÃO ANTIGA EM CIMA DE UMA MESA, AMBAS VISTAS DE CIMA. DESENHE A TELEVISÃO E A MESA VISTAS DE FRENTE.

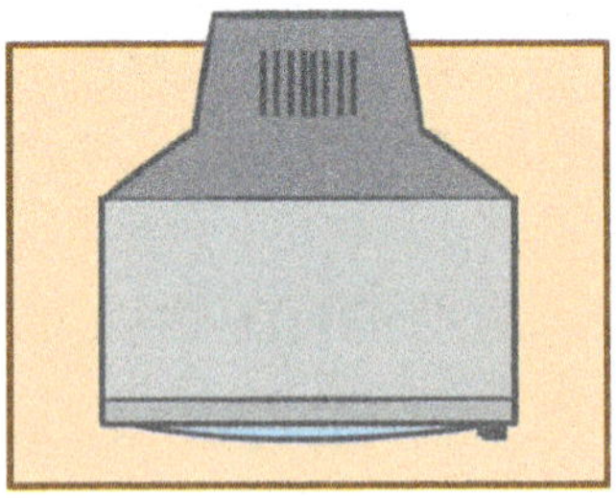

Ilustra Cartoon/Arquivo da editora

AS ESCOLAS

TODA CRIANÇA TEM DIREITO A ESCOLA

1 LEIA A LETRA DA CANÇÃO ABAIXO.

Ilustra Cartoon/Arquivo da editora

CRIANÇA NÃO TRABALHA

LÁPIS, CADERNO, CHICLETE, PIÃO
SOL, BICICLETA, *SKATE*, CALÇÃO
ESCONDERIJO, AVIÃO, CORRERIA
TAMBOR, GRITARIA, JARDIM, CONFUSÃO
BOLA, PELÚCIA, MERENDA, *CRAYON*
BANHO DE RIO, BANHO DE MAR, PULA-SELA, BOMBOM
TANQUE DE AREIA, GNOMO, SEREIA
PIRATA, BALEIA, MANTEIGA NO PÃO
GIZ, MERTHIOLATE, *BAND-AID*, SABÃO
TÊNIS, CADARÇO, ALMOFADA, COLCHÃO
QUEBRA-CABEÇA, BONECA, PETECA
BOTÃO, PEGA-PEGA, PAPEL, PAPELÃO
CRIANÇA NÃO TRABALHA
CRIANÇA DÁ TRABALHO
CRIANÇA NÃO TRABALHA
[...]

PAULO TATIT E ARNALDO ANTUNES. **CRIANÇA NÃO TRABALHA**. INTÉRPRETE: PALAVRA CANTADA. DISPONÍVEL EM: <http://palavracantada.com.br>. ACESSO EM: MAIO 2018.

■ AGORA, OBSERVE AS FOTOGRAFIAS.

Edmar Barros/Futura Press

CRIANÇA NO MUNICÍPIO DE MANAUS, NO ESTADO DO AMAZONAS, EM 2017.

Adilson B. Liporage/Opção Brasil Imagens

CRIANÇA NO MUNICÍPIO DO RIO DE JANEIRO, NO ESTADO DO RIO DE JANEIRO, EM 2015.

A) NA LETRA DA CANÇÃO, CIRCULE DUAS COISAS DE QUE VOCÊ GOSTA.

B) A QUAL DAS DUAS FOTOGRAFIAS SE REFEREM OS VERSOS "CRIANÇA NÃO TRABALHA / CRIANÇA DÁ TRABALHO"?

....

C) EM SUA OPINIÃO, POR QUE A CANÇÃO SE CHAMA "CRIANÇA NÃO TRABALHA"?

....

....

....

D) VOCÊ JÁ VIU CRIANÇAS TRABALHANDO? ONDE? O QUE ELAS ESTAVAM FAZENDO? EM SUA OPINIÃO, POR QUE ELAS TRABALHAM?

....

....

....

NA ESCOLA, EM OUTRA ÉPOCA

2 O TEXTO QUE VOCÊ VAI LER TRATA DA ESCOLA ROMÃO PUIGGARI, LOCALIZADA NO BAIRRO DO BRÁS, NO MUNICÍPIO DE SÃO PAULO.

AS CRIANÇAS COMEÇAVAM A FREQUENTAR A ESCOLA ENTRE OS SEIS E SETE ANOS, E COM FREQUÊNCIA ERA NESSE MOMENTO QUE REALMENTE APRENDIAM A LÍNGUA PORTUGUESA, POIS EM CASA SE COMUNICAVAM PRINCIPALMENTE EM ITALIANO.

[...] NESSAS ESCOLAS O ESQUEMA DE CIRCULAÇÃO ERA BEM DEFINIDO, COM ENTRADAS INDEPENDENTES PARA MENINOS E MENINAS. A SEÇÃO DAS MENINAS ERA LOCALIZADA NO [...] TÉRREO, ONDE NÃO SE PERMITIA O ACESSO AO ANDAR SUPERIOR, RESERVADO SOMENTE AOS MENINOS. [...]

SUZANA BARRETTO RIBEIRO. **ITALIANOS DO BRÁS:** IMAGENS E MEMÓRIAS – 1920-1930. SÃO PAULO: BRASILIENSE, 1994. P. 123.

A) O TEXTO REFERE-SE A QUE ESCOLA? ONDE ELA SE LOCALIZA?

....

....

....

....

B) COMO ERA A CIRCULAÇÃO DOS ALUNOS NESSA ESCOLA?

....

....

....

....

3 OBSERVE AS FOTOGRAFIAS A SEGUIR.

Reprodução/Museu da Pessoa

TURMA DE ALUNOS DO GRUPO ESCOLAR ROMÃO PUIGGARI, LOCALIZADO NO BAIRRO DO BRÁS, NO MUNICÍPIO DE SÃO PAULO, EM 1940.

Reprodução/Museu da Pessoa

TURMA DE ALUNAS DO GRUPO ESCOLAR ROMÃO PUIGGARI EM 1950.

A) COMO ERA A ORGANIZAÇÃO DAS TURMAS DE ALUNOS DA ESCOLA ROMÃO PUIGGARI?

....

....

....

B) COMPARE AS TURMAS DE ALUNOS DA ESCOLA ONDE VOCÊ ESTUDA COM AS TURMAS DE ALUNOS RETRATADAS NAS FOTOGRAFIAS. QUAIS SÃO AS SEMELHANÇAS? E AS DIFERENÇAS?

....

....

....

....

O espaço escolar

As dependências da escola

1 As salas de aula podem ser organizadas de várias maneiras, como mostram as ilustrações abaixo. Observe-as e, depois, faça o que se pede.

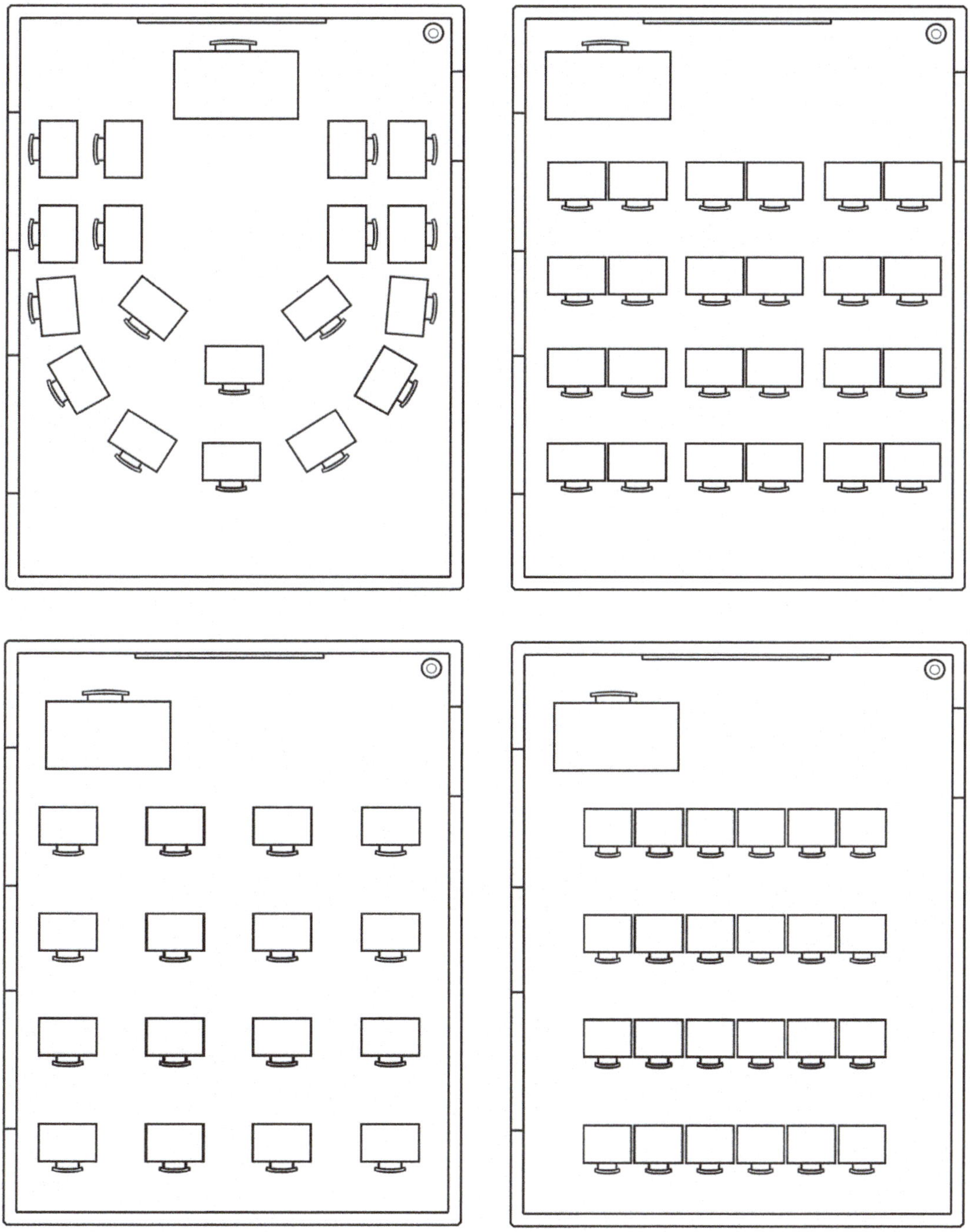

Ilustrações: Ilustra Cartoon/Arquivo da editora

a) Pinte a ilustração que mais se parece com a organização da sua sala de aula.

b) Caso nenhuma das ilustrações se pareça com a sua sala de aula, faça um desenho no espaço abaixo para representá-la.

Cuidados com a escola

2 **O que você costuma fazer para cuidar da escola onde estuda? Pinte os quadrinhos que indicam suas atitudes.**

- [ ] Fecho as torneiras após utilizar a água.
- [ ] Jogo o lixo em qualquer local.
- [ ] Rabisco as carteiras e as paredes.
- [ ] Mantenho a sala de aula limpa e arrumada.
- [ ] Destruo os equipamentos.
- [ ] Conservo os livros da biblioteca.
- [ ] Mantenho o banheiro limpo.
- [ ] Não destruo os cartazes e os avisos.
- [ ] Cuido dos computadores.
- [ ] Quebro os utensílios da cozinha.

3 **Observe a fotografia e leia a legenda.**

João Prudente/Pulsar Imagens

Pichação nos muros de colégio no município de Sorocaba, no estado de São Paulo, em 2016.

- Você concorda com a atitude de quem pichou o muro do colégio? Por quê?

....

....

....

Campo e cidade

Agricultura, pecuária e extrativismo

1 Observe as fotografias e faça o que se pede.

Gerson Gerloff/Pulsar Imagens

Município de Santa Vitória do Palmar, no estado do Rio Grande do Sul, em 2017.

Marcos Amend/Pulsar Imagens

Vista aérea do Parque Anauá no município de Boa Vista, no estado de Roraima, em 2017.

Ricardo Azoury/Pulsar Imagens

Município de Araquari, no estado de Santa Catarina, em 2018.

Alf Ribeiro/Shutterstock

Vista aérea do município de Curitiba, no estado do Paraná, em 2018.

a) Pinte de **vermelho** a moldura das fotografias que retratam o campo.

b) Pinte de **azul** a moldura das fotografias que retratam a cidade.

c) Escreva o número da fotografia que mostra atividades ligadas à:

☐ agricultura. ☐ pecuária.

Costumes e tradições

2 Observe a fotografia e leia o texto. Eles referem-se a alguns costumes e tradições de muitas famílias que vivem na Polônia.

Maciej Gillert/Gallo Images Poland/Getty Images

Criança pinta ovo cozido para celebrar a Páscoa em Varsóvia, na Polônia, em 2017.

Na Polônia, há muitas festas tradicionais. [...] Mas a que as crianças mais gostam é a do "Dia do Nome". No calendário polonês cada dia do ano é dedicado a um ou mais santos. Quando chega o dia do santo que tem o mesmo nome que uma criança, é o "Dia do Nome" dela. Nesse dia, ela ganha presentes e convida os amigos para comer bolo e apagar uma velinha. O melhor é que no dia do aniversário começa tudo de novo.

A Páscoa polonesa também é muito divertida. As crianças se reúnem para pintar a casca de ovos cozidos com lindos desenhos geométricos ou de flores. Cada região do país faz um tipo de pintura. Os ovos decorados são chamados de "*pisanki*". [...]

Ana Busch e Caio Vilela. **Um mundo de crianças**. São Paulo: Panda Books, 2007. p. 57.

a) O "Dia do Nome" faz parte dos costumes e das tradições de famílias da Polônia. Como esse dia é comemorado pelas crianças polonesas?

....

....

....

b) Para comemorar a Páscoa, qual é o costume de muitas crianças polonesas?

....

....

....

c) Converse com um adulto que mora com você sobre os costumes e as tradições familiares. Depois, complete o quadro com as informações que você obteve.

Músicas	**Danças**
Roupas	**Datas comemorativas**

3 Observe a fotografia e leia a legenda. Depois, responda às questões.

Alexandre Tokitaka/Pulsar Imagens

Durante o Festival das Estrelas (*Tanabata Matsuri*), festa típica da comunidade japonesa, as ruas do bairro da Liberdade, no município de São Paulo, são decoradas com grandes ramos de bambu enfeitados com papel colorido, simbolizando as estrelas. As pessoas escrevem pedidos em tiras de papel e as penduram nos bambus. Fotografia de 2016.

a) Qual é o nome do bairro onde ocorre o Festival das Estrelas? Onde ele se localiza?

....

....

b) O que as pessoas costumam fazer durante o Festival das Estrelas?

....

....

....

c) Que elementos, costumes ou tradições da cultura japonesa estão presentes no lugar em que você mora? Converse com um adulto que mora com você para responder.

....

....

....

Ruas, praças e parques

Espaço de todos

1 As ruas podem ser utilizadas de várias maneiras pelas pessoas. Observe as fotografias e leia as legendas.

Lula Sampaio/Opção Brasil Imagens

Criança anda de patins em rua do município de Manaus, no estado do Amazonas, em 2016.

Rogerio Reis/Tyba

Cavalgada da Folia de Reis no município de Pirenópolis, no estado de Goiás, em 2015.

a) Para que essas ruas estão sendo utilizadas? Numere as alternativas de acordo com as fotografias.

☐ Para a realização de uma festa popular.

☐ Para lazer.

b) A rua onde você mora é utilizada para alguma dessas atividades? Qual?

....

....

Ruas de diferentes tipos

2 A rua onde você mora faz parte do lugar que você ocupa no mundo. O que existe na sua rua?

a) Observe as ilustrações.

Padaria.

Banco.

Ilustrações: Ilustra Cartoon/Arquivo da editora

Prédios.

Árvores.

Criação de animais.

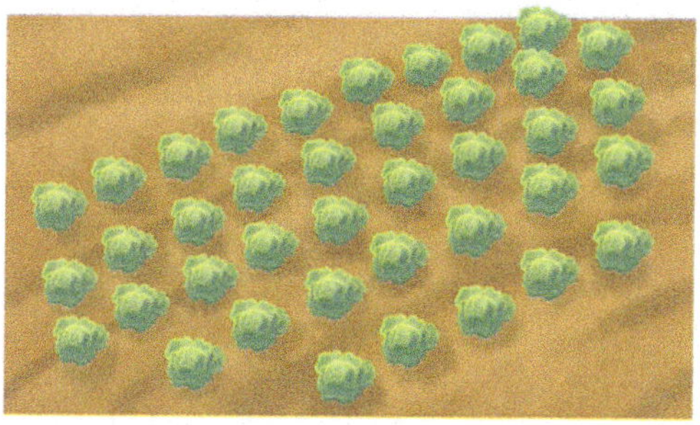

Plantação.

Caixa de correio.

Farmácia.

b) Contorne de **vermelho** as legendas que mostram elementos que existem na rua onde você mora.

c) Que outros elementos existem na rua onde você mora?

....

....

d) Desenhe alguns elementos que você mencionou no item anterior. Se quiser, faça colagens.

Praças e parques

3 Observe a fotografia e faça o que se pede.

Dirceu Portugal/Fotoarena

Família faz piquenique em parque no município de Campo Mourão, no estado do Paraná, em 2018.

a) Que atitude as pessoas poderiam ter para conservar o espaço público retratado na fotografia?

....

....

b) Você já viu praças e parques nessa situação no lugar em que mora? O que poderia ser feito para melhorar sua conservação?

....

c) Se você pudesse elaborar um cartaz para colocar nesse parque, o que escreveria nele? Anote no cartaz abaixo.

Ilustra Cartoon/Arquivo da editora

As ruas e o trabalho

Ruas de hoje e de antigamente

1 Observe as fotografias abaixo e leia as legendas.

Trecho da avenida Nove de Julho próximo à entrada do túnel, no município de São Paulo, no estado de São Paulo, em 1956.

Avenida Nove de Julho em 2015.

a) Qual é o nome do local retratado nas duas fotografias? Onde ele se localiza?

....

....

b) Em que ano foi feita a fotografia 1? E a fotografia 2?

....

....

c) Compare as duas fotografias. Depois, complete o quadro:

Elementos que não existem mais na avenida	Elementos novos na avenida

2 **Vamos agora tratar da rua onde você mora.**

a) Anote o nome da rua onde você mora.

....

....

b) Pesquise por que sua rua recebeu esse nome e anote.

....

....

....

....

....

c) Converse com um adulto que vive com você sobre a questão a seguir.

- Na opinião de vocês, quais são os elementos mais antigos da rua onde moram? Registre sua resposta.

....

....

....

O quarteirão

3 A fotografia a seguir mostra um trecho do município de Curitiba, no estado do Paraná. Observe-a e, depois, faça o que se pede.

Fotografia aérea de um trecho do município de Curitiba, no estado do Paraná, em 2018.

a) Marque com **X** o prédio da Câmara Municipal de Curitiba.

b) Contorne de lápis **vermelho** o quarteirão onde fica a Câmara Municipal de Curitiba.

c) Anote o nome das ruas, da avenida e da praça que formam o quarteirão onde fica a Câmara Municipal de Curitiba.

....

....

A circulação nas ruas

Meios de transporte

1 Vamos brincar de caça-transportes? Encontre e circule no diagrama o nome de alguns meios de transporte.

A	N	B	C	D	E	F	G	Ô	H
I	A	L	M	P	R	T	U	N	T
J	V	N	A	V	I	Ã	O	I	R
K	I	Ô	B	A	R	C	O	B	E
Y	O	U	A	B	D	H	F	U	M
T	P	M	E	T	R	Ô	H	S	K
C	A	M	I	N	H	Ã	O	R	F
H	T	L	I	C	O	P	T	C	E
Ã	W	Z	C	A	R	R	O	S	M
B	I	C	I	C	L	E	T	A	M

- Agora, classifique os meios de transporte que você descobriu em:

Transportes terrestres: ....

....

Transportes aquáticos: ....

....

Transporte aéreo: ....

....

A circulação e os sinais de trânsito

2 Observe a fotografia.

Valdir Oliveira/Fotoarena

Avenida Sumaré, no município de São Paulo, no estado de São Paulo, em 2018.

a) Que sinais de trânsito você identifica na fotografia?

b) Nas ruas por onde você costuma circular, você já viu motoristas e pedestres desrespeitarem os sinais e as leis de trânsito? O que eles fizeram?

3 Pesquise e escreva o significado dos sinais retratados na fotografia.

Cesar Diniz/Pulsar Imagens

Rua no município de Petrolina, no estado de Pernambuco, em 2016.

Os meios de comunicação

Diferentes meios de comunicação

1 Com que frequência você utiliza os meios de comunicação ilustrados? Escreva a letra da alternativa escolhida no quadrinho de cada cena.

a) Meio de comunicação que utilizo todos os dias.

b) Meio de comunicação que utilizo de vez em quando.

c) Meio de comunicação que nunca utilizo.

- Agora, pinte as cenas.

O computador e a internet

2 **As frases a seguir estão relacionadas ao uso da internet e dos aplicativos em geral. Leia-as e, nos quadrinhos, escreva a letra C para atitude correta e a letra I para atitude incorreta.**

- [ ] Compartilhar senhas.
- [ ] Não clicar em arquivos desconhecidos.
- [ ] Jamais aceitar convite para encontrar uma pessoa desconhecida.
- [ ] Espalhar boatos sobre pessoas.
- [ ] Não compartilhar fotos e textos sem autorização.
- [ ] Deixar de estudar e de brincar para ficar horas mexendo no computador ou no celular.
- [ ] Contar aos familiares se visualizar conteúdos preconceituosos.
- [ ] Fornecer informações pessoais.
- [ ] Não fornecer o endereço para pessoas que nunca viu.
- [ ] Não acreditar em tudo o que lê na internet, pois há notícias e perfis falsos.
- [ ] Usar as redes sociais para praticar *cyberbullying*.

3 **Você usa computador ou celular? Que cuidados toma quando está conectado à internet?**

....

....

....